¿Hiperactividad y déficit de atención?

RBA INTEGRAL

HEIKE FREIRE

¿HIPERACTIVIDAD Y DÉFICIT DE ATENCIÓN?

Otra forma de prevenir y abordar el problema

RBA

© Heike Freire, 2013.
© de esta edición: RBA Libros, S. A., 2013.
Avda. Diagonal, 189 - 08018 Barcelona.
rbalibros.com

Primera edición: septiembre de 2013.

REF.: RPRA145
ISBN: 978-84-155-4194-3
DEPÓSITO LEGAL: B-17.473-2013

VÍCTOR IGUAL, S. L. · FOTOCOMPOSICIÓN

PARA MI MADRE Y MI ABUELA

CONTENIDO

PRESENTACIÓN

El espectacular aumento en el número de casos de trastorno por déficit de atención e hiperactividad (TDAH) entre la población infantil de los países occidentales (algunos estudios hablan de un 300 %, en los últimos veinte años) preocupa, cada día más, a padres, profesionales de la salud y educadores.

Las elevadas tasas de sobrediagnóstico, que han oscilado desde 2005 entre un 9 % y un 40 %, así como la complejidad del estudio de sus causas —el cual incluye aspectos neurológicos, pero también ginecológicos, pediátricos, psicológicos, ambientales, culturales, educativos, sociales, económicos y asistenciales—, convierten a este trastorno en un excelente indicador de la necesidad de un abordaje múltiple y en profundidad de los procesos del desarrollo humano.

Desde un enfoque auténticamente preventivo, centrado en la promoción de la salud y el bienestar infantil, y adoptando una perspectiva pluridisciplinar, la autora de este libro se pregunta hasta qué punto el trastorno puede considerarse una enfermedad infantil, o ser un reflejo de las dificultades de los niños para adaptarse a las insanas condiciones de vida que les impone la sociedad actual. Por ello, además de un amplio análisis de los diversos factores que subyacen al TDAH, la obra presenta una serie de pistas, orientaciones y ejemplos concretos, con nuevas formas de entenderlo, encauzarlo y tratarlo.

El primer capítulo hace un breve repaso a la historia de la

hiperactividad, su impacto en los países occidentales, el intenso debate entre especialistas para determinar si se trata de un síntoma, un síndrome o una enfermedad, y si sus causas son genéticas o ambientales. Contiene una síntesis de los hallazgos relativos a la posible peligrosidad del metilfenidato, el fármaco generalmente utilizado para tratarlo, y una discusión sobre los riesgos del diagnóstico, cuando se emplea para clasificar y etiquetar a las personas, antes que para curarlas. También aborda el problema del negocio de los laboratorios farmacéuticos como motor de una posible promoción de falsas enfermedades (*disease mongering*), y la costumbre, cada vez más extendida (y socialmente aceptada), de tomar medicinas no para sanar dolencias, sino para adaptarse a los nuevos «estilos de vida» y sentirse mejor (*lifestyle drugs*).

El segundo capítulo echa una mirada a la situación actual de la infancia en los países desarrollados: la condición minoritaria y de creciente aislamiento de los pequeños, las transformaciones urbanas que les han «robado la calle» (es decir, su espacio de socialización tradicional), el sedentarismo y la vida en espacios cerrados, el exceso de tecnología, la falta de juego y de contacto con la naturaleza, la sobrecarga de deberes y exámenes, la presión por los resultados escolares y las formas en que todos estos factores pueden estar influyendo en el increíble aumento del trastorno.

El tercer capítulo trata de reflexionar sobre algunos conceptos clave relacionados con el TDAH: el problema de la «normalidad» entendida como rechazo a las diferencias individuales, grupales, sociales..., como empeño en dirigir y controlar una realidad biológica que desborda y escapa a todas las previsiones; la importancia del movimiento y las sensaciones para el equilibrio energético y el desarrollo de las capacidades de atención y aprendizaje; la incidencia de los procesos individuales de maduración emocional en el desarrollo físico e intelectual, así como las dificultades que existen en nuestra cultura para expresar las emociones y establecer relaciones empáticas; por último, analiza los conceptos de atención y concentración desde el punto de vista del desarrollo cerebral, los aspectos psicosociales y también de los métodos pedagógicos.

El cuarto capítulo presenta varios enfoques innovadores para prevenir y abordar el trastorno, como el cuidado del entorno y el contacto con el medio ambiente natural, la gestión racional de la tecnología, el fomento del juego espontáneo, especialmente al aire libre, y la renovación de las formas de enseñar y aprender.

Para terminar, un pequeño epílogo hace una síntesis de las diferentes propuestas de observación y análisis, ofreciendo algunas pistas y consejos para los padres y educadores que están enfrentándose actualmente al problema.

TDAH: EL DIAGNÓSTICO DE MODA

El TDAH se ha convertido en el diagnóstico de moda. Tan pronto como un niño o una niña se muestran inquietos o ansiosos, alguien reacciona calificándolos de «hiperactivos». En los países occidentales, su incidencia entre la población infantil ha aumentado hasta un 300 % en los últimos veinte años. En nuestro país, afecta a entre un 5 % y un 10 % de los escolares, según las estimaciones (casi un 50 % de ellos tienen asociadas otras «patologías»). Una auténtica «epidemia» que impide a los niños adaptarse, rendir en la escuela y llevar una vida «normal». Al sufrimiento asociado a la sensación de «no dar la talla», de «fracasar» o de «ser diferente», se añade la frustración y el estigma que representa ser etiquetado con una «enfermedad» cuyo tratamiento genera dependencia física (con los consiguientes efectos secundarios) y requiere apoyo psicológico y pedagógico para que los pequeños puedan hacer frente a las exigencias escolares y familiares. Pero las consecuencias de no ser diagnosticado a tiempo pueden ser aún peores, e incluyen, según los psiquiatras, fracaso escolar, problemas en las relaciones sociales, en el trabajo e incluso con la justicia (el 30 % de los menores de 18 años con problemas legales son hiperactivos). Todo ello, en un ambiente de confusión y desconocimiento (un 60 % de los profesores confiesa no disponer de suficiente información sobre el trastorno) aderezado por la polémica entre expertos sobre la realidad de esta patología: algunos afirman que es algo neurológico, genético y hereditario; otros, como el neuropediatra americano Fred Baughman, acusan directamente a la industria farmacéutica de crear «ilusiones de biología y enfermedad».[1] Parece que el propio Eisenberg, uno de los artífices del trastorno y de su inclusión en el *Manual Diagnóstico de enfermedades mentales*, ha declarado meses antes de morir que «se trata de una enfermedad ficticia». La doctora Eglée Iciarte (psiquiatra, terapeuta familiar y profesora de la Universidad de Alcalá de Henares), por su parte, asegura que el diagnóstico se ha convertido en un «cajón de sastre» para una amplia variedad de dificultades de aprendizaje y de conducta que aquejan a los niños de hoy.

UN CAJÓN DE SASTRE

Las historias de muchos niños y niñas comparten un destino común: el trastorno por déficit de atención e hiperactividad, un síndrome supuestamente crónico e incurable que les hace entrar en una espiral de dificultades escolares, aislamiento y fracaso y podría, incluso, dejarles al margen de la sociedad.

Pero detrás de las siglas que estampan una etiqueta unificadora, se esconden realidades muy distintas, vivencias de individuos, familias y escuelas, con sus conflictos y dolores, y las formas en que consiguen resolverlos. He aquí algunos casos:

- Javier (6 años) es un torbellino, desobediente y provocador. En el colegio se niega a hacer las fichas; en la consulta, no para y responde a las preguntas antes que sus padres. Sufre «impulsividad con conducta desafiante». «Desde que toma la pastilla no tenemos niño», afirma su madre.

1. Baughman, Fred, *The ADHD Fraud. How Psychiatry Makes Patiens out of Normal Children*, Canadá, Trafford Publishing, 2006.

- Luis (9 años) aprende con facilidad, pero se distrae en clase, llama la atención, hace el payaso...: «Mis amigos hablan y yo les contesto; entonces no escucho al profe, pero me entero igual porque siempre repite las cosas y después las aprendo», explica sonriendo.
- Pedro (15 años) fue adoptado con 3 años por una familia española tras varios abandonos en su país de origen: «Antes, en casa, era una pelea continua: provocaciones, insultos...; yo me irritaba, incluso le pegaba —cuenta su madre—. Desde que empezó a medicarse a los 9 años, me obedece más y no he vuelto a ponerle la mano encima».
- Álvaro (8 años) no atiende en clase, siempre está despistado, se aburre y es incapaz de centrarse en una sola cosa. En cuanto puede, juega con la consola o el ordenador. «Me cuesta comunicarme con él —lamenta su madre—, solo está presente frente a la pantalla».
- Carmen (5 años) procede de una familia «desestructurada», con bajos ingresos y muchos problemas. En su trágica historia vital, el TDAH «es lo mínimo que le podían poner», asegura su profesora, que la encuentra deprimida y con baja autoestima.
- Zoe (6 años) es una pequeña activa y charlatana, que busca atención. Cuando sus padres decidieron medicarla, la maestra había conseguido positivar su conducta: «Ahora no da problemas y hace un trabajo más cuidado —asegura—, pero muchas veces está apática y cansada».
- Marta (12 años) se acaricia el cabello absorta, con la mente muy lejos de las matemáticas. El curso pasado repitió, y este ha suspendido todas las asignaturas. Sus padres, separados hace tres años, están desesperados. Al recibir el diagnóstico de déficit de atención se sienten aliviados.
- Carlos (7 años) tiene dificultades para aprender y quedarse quieto. «No rinde», dice la maestra. Diagnosticado con TDAH y tratado con Rubifén, en el patio ya no juega al balón con sus compañeros: «Se queda quieto y se aleja de nosotros», comentan.
- Juan Antonio (9 años) es un niño afable y tranquilo. Su maestra se

queja: «No lleva el ritmo de la clase y tengo veinte niños más que atender». El neuropediatra dictamina «déficit de atención». Su madre no está de acuerdo: «es un niño normal, solo necesita más tiempo, ir más despacio».

¿Realmente el TDAH es un trastorno infantil o se trata más bien de un síntoma, una especie de indicador de la situación actual de «la infancia»? Aunque trataré de hacer una pequeña síntesis del estado de la investigación y el debate actuales en torno a esta importante pregunta, la intención de esta obra no es determinar si se trata de un síntoma, un síndrome o una enfermedad de origen genético o provocada por el ambiente, tarea que corresponde, a mi entender, a los especialistas. Lo que me interesa, en esta ocasión, es abrir la reflexión hacia una mirada social y preventiva del fenómeno: comprender las razones de su fuerte incidencia en la sociedad de nuestros días, analizar qué tipo de factores —sociales, culturales, económicos, ambientales, familiares, educativos, urbanos....— están concurriendo en la expansión del trastorno, explorar hipótesis alternativas a la versión «oficial» del problema, y estudiar la posibilidad de una auténtica prevención primaria basada no en la detección y el diagnóstico precoz (hablaríamos entonces de prevención secundaria), **sino en la promoción, el fomento y la protección de la salud y el bienestar infantil.**

Desde mi punto de vista, la campaña de detección temprana machaconamente retransmitida por los medios de comunicación, y en muchos casos llevada a cabo por profesionales convencidos de que el trastorno «se hereda tanto como la altura»[2] (sin que a fecha de hoy existan pruebas concluyentes), ha en-

2. <http://www.deia.com/2012/10/02/sociedad/estado/en-cada-aula-hay-un-nino-con-deficit-de-atencion-con-hiperactividad>.

18

mascarado la notoria ausencia de una política adecuada de prevención primaria —que debería estar basada en la promoción y la protección de la salud, y eliminar los factores que puedan causar los trastornos antes de que estos aparezcan—. Una campaña que podría ser la responsable de las escalofriantes tasas de falsos diagnósticos que muchos niños españoles están sufriendo o han sufrido: una tasa del 9 % hace unos siete años, según la doctora Eglée Iciarte,[3] que alcanza cotas del 40 % en la actualidad, según algunos estudios.[4]

Madres y padres, maestras, educadores, profesionales de la salud, responsables administrativos... todos necesitamos informarnos y reflexionar sobre la situación actual de la infancia: ser capaces de reconocer las necesidades vitales auténticas que nuestro alocado estilo de vida no les está permitiendo satisfacer. Saber qué cosas podemos pedirles (y cuáles no), y ponernos a trabajar juntos para encontrar nuevas maneras (o recuperar las antiguas) de ayudarles a crecer más saludablemente.

¿Un trastorno de época?

Vivimos en una cultura hiperactiva, con déficit de atención. Una civilización que valora principalmente la acción y la producción a ritmos cada vez más frenéticos, aunque sus consecuencias sean devastadoras para la tierra y los seres vivos que la habitan; la opulencia y el consumo desenfrenado de objetos, imágenes, sonidos, informaciones, amigos, relaciones..., aunque no nos aporten la felicidad, el amor y la libertad que añoramos; el progreso y la expansión permanente que no contempla

---

3. <http://www.europapress.es/noticia.aspx?cod=2007042720350 6&ch=74>.
4. <http://www.infocop.es/view_article.asp?id=4125>.

los ritmos de la vida, sístole y diástole, relajación y contracción, verano e invierno...; la eficacia y el rendimiento en lugar de la vivencia del proceso; las «soluciones rápidas» y mecanicistas a los problemas, que no se interesan por sus causas (o no aciertan a comprenderlas) y elaboran remedios expeditivos cuyos resultados son, como mucho, el cese y, más generalmente, la transformación de los síntomas.

Mientras que, como señala el proverbio africano, «para educar a un hijo hace falta la tribu entera», con las crecientes exigencias productivas, nuestras familias son cada vez más pequeñas, aisladas e hiperresponsabilizadas, apenas disponen de tiempo para estar juntas y, si lo hacen, es forzadas por la crisis económica (porque no se vende, no hay trabajo...), con la consiguiente desazón. Los padres suplimos nuestra poca presencia ofreciendo a nuestros hijos el dinero y los bienes materiales (cada vez más escasos, por cierto) que obtenemos en nuestras largas ausencias. Se diría que todo puede comprarse, incluida la felicidad de un niño y, frente a unas dificultades y sufrimientos que apenas podemos escuchar, nos declaramos perplejos: «Pero, ¡si lo tiene todo!», se asombraba un padre frente a la tentativa de suicidio de su hijo adolescente.

La posesión de objetos es el modelo imperante también para unas relaciones personales deshumanizadas y superficiales, en las que no se tienen en cuenta las necesidades auténticas, los sentimientos, los procesos de maduración y de duelo... Solo importa que el individuo «funcione», que sea predecible como un mecanismo perfecto, que cumpla con lo que se espera de él, aunque sea a costa de su bienestar y su salud.[5] Tenemos serias dificultades para aceptar y gestionar lo imprevisto, para acoger e integrar lo diferente, para dejar de señalarlo como «deficiente».

5. Janin, B., *El sufrimiento psíquico en los niños*, Buenos Aires, Noveduc, 2011.

Sometidos a cambios cada vez más rápidos en su entorno familiar, escolar y social (separaciones, muertes, mudanzas, exámenes...), los niños de hoy no disponen de tiempo ni de espacios para elaborar sus vivencias, hacer duelos, imaginar alternativas, crear... en definitiva, para vivir su infancia y crecer a su propio ritmo. Se ven reducidos a ser una minoría «desconocida», solitaria y ausente del mundo adulto, que no ha conseguido conquistar plenamente su reconocido derecho a expresarse y participar[6] (al menos en los asuntos que les afectan), ni transitar definitivamente de unas relaciones basadas en la autoridad, a otras nuevas centradas en la intimidad, el respeto, la aceptación, el reconocimiento, la estima y la negociación... Confrontados a unos padres sin demasiada disponibilidad, ni muchas veces conocimiento, apoyo y herramientas para atenderles convenientemente, ya no tienen acceso a los espacios tradicionales de socialización (la calle, el barrio...), ni disfrutan como antes de las oportunidades de juego, relación y afecto que proporciona el contacto con el grupo de iguales y con el entorno natural. El miedo, la sobreprotección y los posibles peligros les mantienen encerrados en casa y en la escuela, les hacen perder autonomía y libertad de desplazamiento; sus cuerpos, naturalmente necesitados de movimiento, tienen dificultades para adaptarse a una situación de sedentarismo forzado, que es completamente nueva en los 2,5 millones de años de existencia de nuestra especie. El exceso de pantallas sobreestimula sus sentidos y desequilibra su cerebro, pero no disponen de tiempo libre para «descargar» esa excitación mediante el juego y el contacto con la naturaleza. Por último, la mayoría de las escuelas atienden casi exclusivamente a sus aspectos cognitivos, sin tener en cuenta su estado

6. Artículos 12 y 13 de la Convención sobre los derechos del niño de Naciones Unidas.

emocional y afectivo; y las crecientes exigencias académicas, en instituciones que, generalmente, lejos de modernizarse, pretenden que sea el alumno siempre el que se adapte, constituyen otra de las principales fuentes de presión y estrés en la infancia. Estos son solo algunos de los factores sociales y culturales que podrían incidir en la expansión y generalización de los síntomas del TDAH entre la población infantil. Fenómenos que exploraremos a lo largo de este libro, con el ánimo de ofrecer ideas y propuestas concretas que permitan contrarrestar sus efectos, convirtiendo los entornos familiares, escolares y urbanos de la infancia en lugares que respondan mejor a sus características concretas y sus necesidades actuales.

ESTATE QUIETO Y ATIENDE

Madres, padres, educadores, profesionales de la salud, todos deseamos ofrecer a los niños lo que necesitan para crecer saludablemente, y no solo en términos materiales. Queremos facilitar su desarrollo como seres humanos plenos, felices, autónomos y responsables, con auténticos valores personales, sociales y afectivos: con respeto a su diversidad, singularidad y autoestima, a su particular manera de ser y desarrollarse, a su capacidad para construirse a sí mismos, para ser quienes realmente son, para relacionarse cooperativamente con los demás y desarrollar todas sus capacidades. Pero estamos condicionados, y muchas veces nos vemos limitados por las coordenadas sociales y culturales en que vivimos.

«Estate quieto y atiende» es la orden que, directa o indirectamente, con palabras o en silencio, la mayoría de los adultos solemos formular a los niños y niñas. A juzgar por los métodos e instrumentos de crianza que pueden contemplarse en museos, monografías y películas, la «agitación» infantil, especialmente la de los más pequeños, ha sido un problema para los padres en muchas épocas y culturas: nos aparta de las cosas importantes que debemos hacer, o en las que tenemos que pensar, y puede representar un obstáculo para su seguridad y nuestra tranquilidad. Quizá lo que ha cambiado hoy es la aceleración de nuestro mundo, que no nos deja tiempo para estar a su lado y atenderles adecuadamente, ni para darles el espacio personal, de reflexión y de respuesta que precisan. Empujados por el ritmo trepidante de nuestras vidas, necesitamos que nos escuchen y obedezcan rápidamente; además, el fenómeno escolar prolonga y dilata durante más horas, días e incluso años las exigencias de sedentarismo y de atención a los adultos. Con este libro quiero invitar a la reflexión y a la duda. Me gustaría que, después de leerlo, muchas personas se preguntaran honestamente si la infancia de hoy está en condiciones de responder razonablemente a estas demandas. Y, en lugar de buscar una solución rápida para conseguirlo, se permitan analizar las causas e investigar nuevas formas de apoyarles en la satisfacción de sus necesidades auténticas.

Espero que los síntomas y sufrimientos de estas criaturas y de sus familias generen un debate social sobre el estilo de vida que les estamos (y nos estamos) ofreciendo, y nos hagan reflexionar sobre el tipo de ser humano que pretendemos promover. Un debate y una acción positiva.

UNA EPIDEMIA MODERNA

ORIGEN Y CARACTERÍSTICAS DEL FENÓMENO

Descrito por primera vez en 1902 por el pediatra inglés George Still con el nombre de «déficit de control moral», la incidencia del TDAH en la población infantil de los países occidentales continuó siendo marginal durante casi todo el siglo xx, hasta que en los últimos veinte años empezó a crecer exponencialmente.

El *DSM-III* —la tercera edición del *Manual Diagnóstico y Estadístico de los trastornos mentales* elaborado en 1980 por la Asociación Americana de Psiquiatría (APA, por sus siglas en inglés), que tiene su quinta edición prevista para mayo de 2013— es el primero en incluirlo bajo su denominación actual. Lo define como un síndrome conductual heterogéneo, caracterizado por tres subtipos de síntomas (en ocasiones se habla solo de dos): falta de atención (o inatención), una intensa actividad motora (hiperactividad) e impulsividad.

Las personas afectadas por el déficit de atención tienen muchas dificultades para atender y concentrarse, se distraen con facilidad, cometen errores por descuido, no escuchan, no terminan las tareas y les cuesta mucho seguir instrucciones; «mantienen una actitud despistada con olvidos y desobediencias muy frecuentes».[1] Quie-

---

1. Mabres, Mercè (coord.), *Hiperactividades y déficit de atención*, Barcelona, Octaedro, 2012, pág. 22.

nes sufren de hiperactividad se muestran inquietos y ansiosos, corren, saltan y hablan en exceso, o en situaciones «en las que no es adecuado», se mueven continuamente (aunque esta tendencia tiende a declinar con la edad) y tienden a tocar y manipular todos los objetos, sin un propósito concreto. Por último, los impulsivos actúan sin pensar, pasan constantemente de una actividad a otra, ignoran el peligro y el riesgo, intervienen y responden de manera intempestiva, interrumpen a los demás y no respetan las normas habituales. Además, buscan recompensas inmediatas, y les cuesta esforzarse por conseguir gratificaciones a largo plazo.

Un paciente puede enmarcarse en uno u otro subtipo, o en los tres. Los síntomas deben estar asociados a un grado moderado de desajuste psicológico, social, educativo u ocupacional, y prolongarse durante, al menos, seis meses (aunque en los últimos protocolos elaborados por el doctor Russell Barkley, uno de los mejores especialistas mundiales en la materia, se pide que los síntomas persistan al menos un año). En el caso de los niños, los resultados académicos (especialmente suspender en primaria) son determinantes. En este sentido, cabe señalar que tanto la hiperactividad como, sobre todo, la inatención, aparecen y tienden a incrementarse cuando se realizan tareas aburridas, repetitivas, sin interés para la persona en cuestión.

Según los expertos, los síntomas, en especial los relacionados con el polo hiperactividad e impulsividad, aparecen entre los 3 y los 6 años de edad, en la mayoría de los casos antes de los 13; mientras los del subtipo «inatención» suelen manifestarse algo más tarde.

Inmadurez cerebral

El doctor Russell Barkley[2] profundiza en algunos de los rasgos que caracterizan el trastorno:

- Problemas con la memoria operativa: recordar las cosas que tiene que hacer en el futuro próximo.
- Pensamiento desorganizado.
- Dificultades para anticipar y preparar el futuro, y en la organización del tiempo.
- Retraso en el desarrollo de la «voz interior» que reflexiona y dirige nuestra conducta, lo que supone un problema para actuar según principios legales y morales.
- Problemas de regulación de las emociones, la motivación y la excitación; son menos capaces de internalizar sus sentimientos, de guardárselos para sí mismos.
- Dificultades para asociar y organizar ideas en una explicación coherente de su pensamiento.

Barkley considera el TDAH como una forma de *inmadurez cerebral*, «un déficit de las funciones ejecutivas del cerebro que afecta a la memoria verbal y no verbal, la autorregulación emocional y la capacidad de organización y planificación».

Fátima Guzmán, presidenta de la Fundación Educación Activa, explica:

> Son intranquilos, hacen las cosas sin pensar, no aprenden, no siguen el ritmo ni acatan las normas. Terminan creciendo en un ambiente hostil: riñas, castigos... Sus padres están desbordados, sus maestros se sienten incapaces de cumplir su función; incluso sus compañeros les rechazan. Entran en una espiral de fracaso.

2. <http://russellbarkley.org/factsheets/adhd-facts.pdf>.

27

Pediatras y psiquiatras insisten en que un diagnóstico correcto y precoz (preferiblemente antes de los 8 años) es la mejor medida preventiva, lo que evita, además, que el cuadro se complique con otros trastornos. Basado en los criterios establecidos por la APA en el *DSM-IV* (cuarta edición del *Manual Diagnóstico y Estadístico de los trastornos mentales*), este diagnóstico suele basarse en:

- Un examen médico completo, que permite conocer a fondo el estado de salud general del niño o la niña y descartar posibles problemas orgánicos como déficit visual, auditivo, anemia, carencia de determinados nutrientes e incluso daño cerebral.
- Una evaluación psicológica a nivel emocional, cognitivo e intelectual.
- Una evaluación familiar para la que se utilizan escalas de comportamiento.
- Una valoración escolar del historial académico y el comportamiento del alumno en el aula.

Es importante realizar un análisis cuidadoso en el que se coordinen correctamente todos los profesionales implicados, antes de emitir un veredicto que puede convertirse en una etiqueta, colgada de por vida en el dorso de un niño: «Son al menos dieciocho horas de pruebas psicopedagógicas que se completan con la visita al psiquiatra y al neurólogo», aconseja de nuevo Fátima Guzmán.

Aunque existen diversos enfoques, el tratamiento suele consistir en una combinación de terapia psicológica, pedagógica, farmacológica y educación de los padres. Su éxito depende de la buena coordinación entre familia, escuela y profesionales.

En los últimos veinticinco o treinta años, el porcentaje de niños diagnosticados con trastorno por déficit de atención con hiperactividad ha aumentado cerca de un 300 %. Las autoridades sanitarias de Estados Unidos han alertado recientemente sobre el exceso de nuevos diagnósticos en los menores de 4 a 17 años, un 53 % más en los últimos diez años.[3]

Mientras que en Estados Unidos afecta aproximadamente al 10 % de los niños de entre 4 y 17 años, en nuestro país, las estimaciones sobre prevalencia, es decir, la proporción de individuos afectados por la enfermedad, oscilan según las fuentes entre el 5 % y 8 % de los alumnos. Algunos expertos aseguran que uno de cada tres niños sufre el trastorno; otros, que debe de haber al menos un alumno por aula. Los movidos (hiperactivos e impulsivos) suelen ser los varones y las desatentas las niñas; los primeros triplican en porcentaje a las segundas.

Hace unos siete años, la doctora Eglée Iciarte manifestó públicamente su inquietud por la escalofriante cifra de diagnósticos erróneos (realizados por pediatras y médicos de familia) y el uso desmesurado de fármacos: «El TDAH está de moda; se ha convertido en el cajón de sastre para muchos problemas de aprendizaje y/o de conducta», asegura la profesora. En ocasiones, como señala un reciente informe realizado en el País Vasco, la fiebre llega incluso a desbordar los servicios de salud: «La preocupación social y la sospecha diagnóstica por el TDA/H se ha extendido desproporcionadamente más allá de su incidencia real, lo que ha generado un problema asistencial por el colapso de consultas en diferentes servicios de atención

3. <http://sociedad.elpais.com/sociedad/2013/04/02/actualidad/1364903542_739753.html>.

infanto-juvenil», señala un reciente informe realizado en el País Vasco.[4]

¿QUÉ ES ESO DEL TDAH?

A medida que crece el número de «afectados», se hace evidente el desconocimiento por parte de la población, en general, y de los profesionales de la infancia, en particular. El 60 % de los profesores, por ejemplo, confiesan que no disponen de suficiente información sobre el tema: «¿Son los tontos (lentos, inatentos) y los malos (oposición, exceso de movimiento) de antes, en versión científica?», se pregunta Ana, maestra de infantil.

Una ignorancia que las campañas de información sobre el trastorno, realizadas por los laboratorios en los medios de comunicación, no han hecho más que agrandar, aumentando la confusión. «El diagnóstico de la enfermedad en España es un auténtico caos», aseguraba hace cuatro años el doctor Francisco Montañés, jefe de Psiquiatría del Hospital Fundación de Alcorcón y coordinador del Grupo de Expertos Interesados en el TDAH. El Grupo de Especial Interés en el Trastorno por Déficit de Atención con Hiperactividad (GEITDAH) ha elaborado un consenso de normas para el manejo del trastorno, con el objetivo de disminuir la variabilidad diagnóstica y asistencial en nuestro país. Pero pese a los esfuerzos de sistematización, los criterios diagnósticos varían entre los distintos sistemas asistenciales y profesionales: pediatras, neurólogos, psiquiatras, educadores...

La mayor parte de lo que se consideran síntomas del TDAH presentan cierta ambigüedad y están sujetos a una gran variedad interpretativa según la cultura y las personas. Generalmente, los padres llevan a sus hijos al pediatra (solo un pequeño porcentaje de casos pasa después por el psi-

4. Lasa-Zulueta, A., Jorquera-Cuevas, C., «Evaluación de la situación asistencial y recomendaciones terapéuticas en el trastorno por déficit de atención e hiperactividad», Agencia de Evaluación de Tecnologías Sanitarias del País Vasco, 2009.

quiatra) porque su comportamiento supone un obstáculo para el funcionamiento normal en casa y/o en la escuela; en la mayoría de los casos, son los maestros los primeros en sugerir el diagnóstico, y los equipos de orientación realizan las evaluaciones iniciales. Como los pediatras no pueden observar directamente el comportamiento de los niños, se ven obligados a apoyarse en lo que dicen sus padres y profesores, e intentan ayudarles respondiendo a sus necesidades. El grado de subjetividad en el proceso de evaluación es una de las causas de las alarmantes cifras de «falsos casos»; como explica Beatriz Janin: «Cuando hablas de tus hijos, te refieres en realidad a ti misma, a la forma en que los ves. Es un vínculo pasional y, por tanto, resulta imposible hacer un diagnóstico serio a partir de las declaraciones de los padres o de sus respuestas a un cuestionario».

La otra causa del sobrediagnóstico, según los psiquiatras, es la elevada comorbilidad del trastorno (un 80 %), cuyos síntomas se solapan con los de otras enfermedades psiquiátricas y neurológicas como el autismo, trastornos específicos del lenguaje (TEL), trastornos del desarrollo de la coordinación, depresión, retraso madurativo mental, trastornos de conducta desafiante (TND), síndrome de Tourette, trastornos del sueño e irritabilidad. Hoy, la búsqueda de mayor rigor parece haber disminuido el porcentaje de errores a un 40 %, según algunos datos, y a un 25 %, de acuerdo con otros. Sin embargo, los psiquiatras aseguran que «solo el 1 % de los niños están correctamente diagnosticados y tratados; un 75 % de los casos quedan todavía por identificar». Según algunas estimaciones, en España habría unos 300.000 niños y niñas con TDAH, y solo un 20 % de ellos han sido detectados y correctamente diagnosticados.

¿SÍNTOMA, SIGNO O ENFERMEDAD?

La ignorancia y, paradójicamente, la mediatización de uno de los síndromes quizá más comentados y difundidos de la historia (al menos en proporción al número de afectados) corren parejas al desconcierto, por la controversia entre los expertos.

Para muchos, se trata claramente de un desorden orgánico producido por un desequilibrio químico en el cerebro; pero, en la actualidad, no disponemos de examen o prueba objetiva alguna que confirme su base biológica: «El estudio neurológico (exploración, electroencefalograma, análisis del sueño, TAC y resonancia) sirve para descartar un posible daño orgánico; el 99 % de estos niños son normales», explica Marisa, neurofisióloga en un hospital madrileño. Una parte de quienes defienden esta tesis organicista sostienen que la causa del trastorno es genética y que la enfermedad se hereda en un 80 % de los casos, «tanto como la altura»;[5] sin embargo, ni las pruebas de neuroimagen, que registran carencias en los neurotransmisores, ni los estudios de herencia biológica permiten establecer un diagnóstico fiable: «El origen genético es una mera hipótesis; y las neuroimágenes están en estudio, sin resultados concluyentes», asegura la doctora Eglée Iciarte. También se citan factores pre y perinatales, como dificultades durante el embarazo, consumo de tabaco y alcohol, partos prematuros, altos niveles de presión sanguínea y traumatismos en el momento del parto con lesiones en las regiones frontales del cerebro.

Otros estudios apuntan a dificultades en la construcción del vínculo afectivo con los padres (el 15 % de los niños con TDAH son adoptados, por ejemplo), la alimentación (especialmente el consumo de azúcares blancos y los aditivos), el exceso de horas de pantalla, y problemas de parentalidad..., entre otros.

La diversidad de hipótesis y enfoques plausibles hace que Bernard Golse, jefe de servicio del Hospital Necker para niños de París, concluya: «No está claro si se trata de un síntoma, de un síndrome (es decir, de un conjunto de síntomas) o de una enfermedad».

¿Juicio moral? Otros especialistas, como el doctor Thomas Szasz, profesor emérito de Psiquiatría de la Universidad de

5. <http://russellbarkley.org/factsheets/adhd-facts.pdf>.

Nueva York recientemente fallecido, niegan rotundamente que se trate de una enfermedad y lo consideran un ejemplo más del esfuerzo de una parte de la profesión médica por estigmatizar y controlar a la población. Szasz forma parte de una corriente crítica dentro de la psiquiatría denominada «antipsiquiatría», a la que pertenecen profesionales de la talla de Ronald Laing y David Cooper o teóricos como el filósofo Michel Foucault, que cuestiona su carácter científico y denuncia su dimensión social, política e incluso moral y religiosa. Según esta teoría, el objetivo de la psiquiatría no es curar o aliviar el malestar de sus pacientes: persigue más bien resolver los problemas que el comportamiento de estas personas plantea a la colectividad; y lo hace, además, mediante procedimientos coercitivos, contrarios a los derechos humanos, como el internamiento y la medicación.

¿DIAGNÓSTICO COMODÍN?

Un reciente y polémico informe del Departamento de Sanidad vasco concluye: «El denominado trastorno o síndrome de hiperactividad con déficit de atención es indudablemente una agrupación de síntomas muy prevalente en la infancia, pero sin una etiología unívoca demostrada. Existen evidencias suficientes para relacionarlo con múltiples factores causales biológicos, genético-temperamentales, psicológicos y socioeducativos».

Beatriz Janin, psicoanalista y profesora de la Universidad de Buenos Aires, va más allá y lo considera un «diagnóstico comodín»: «Es una agrupación arbitraria e indiscriminada en la que todo problema de aprendizaje y/o de conducta queda "explicado" por la referencia a un "déficit neurológico"», apostilla.

Por su parte, Marie Eaton, educadora y madre de un niño con TDAH, afirma: «Refleja la creciente tendencia a medicalizar los problemas de conducta, que confunde daños orgánicos con rasgos psicológicos, temas morales y de conducta».

El caso del TDAH puede compararse con la histeria, una «enfermedad» que apareció precisamente en la época en que las mujeres empezaban a luchar por su independencia y autonomía sexual, o con la «drapetomanía», dolencia que, al parecer, aquejaba a los esclavos fugitivos del sur de Estados Unidos (denominados «drapetos») cuando trataban de huir en pos de su libertad. «Ninguna conducta buena o mala, y menos aún la de un niño, puede ser una enfermedad»,[6] asegura el profesor Szasz. El doctor Peter Breggin, otra de las voces críticas con la psiquiatría convencional y la farmacopea, remata:

> El TDAH se centra en los comportamientos infantiles que las personas mayores encontramos frustrantes y disruptivos; define los conflictos entre niños y adultos como enfermedades y ofrece una pastilla para conseguir docilidad.

Si nos detenemos a analizar las características que lo describen en las distintas versiones del *Manual Diagnóstico* (*DSM*), y en la visión que ofrecen especialistas de la talla del doctor Russell Barkley, observamos que contiene:

- problemas de inmadurez cerebral, que expresan un intento de normalización de las estructuras cognitivas, precisamente en la etapa en que se están desarrollando;
- juicios morales, tal vez el eco de aquella primera conceptualización como «déficit de control moral» que el doctor Still acuñó a principios del siglo pasado: desobediencia e incapacidad para acatar las normas; dificultades para atender y realizar un trabajo si no interesa, es aburrido o repetitivo; ausencia de voz interior que dirige las conductas

---

6. Szasz, Thomas, *El mito de la enfermedad mental*, Buenos Aires, Amorrortu, 2008.

«justas» y «morales»; falta de «pudor» o incapacidad de ocultar los propios sentimientos; hablar, correr o moverse cuando «no hay que hacerlo»...

La identificación de lo «anormal» (aquello que no cumple la norma moral) con lo patológico conlleva una medicalización creciente ya no de la infancia, sino de toda la existencia humana: desde su creación, el *Manual Diagnóstico y Estadístico* de la Asociación Americana de Psiquiatría prácticamente ha triplicado el número de trastornos mentales diferentes tipificados: 106, en 1952, 297 en 1994... «Es una cantidad suficiente para considerar enferma psíquica a la mitad de la población americana», señala el historiador Christopher Lane, quien concluye ironizando que, muy pronto, nada ni nadie quedará fuera del manual: cada gesto de la vida (excluyendo, por supuesto, la práctica de la psiquiatría) podrá entenderse como insano...

UNA FÁBRICA DE ENFERMEDADES

En su crítica al borrador del *DSM-V*, la versión más reciente del *Manual Diagnóstico y Estadístico* de la Asociación Americana de Psiquiatría, Allen Frances, profesor emérito de Psiquiatría de la Universidad de Duke (y exjefe de uno de los grupos que confeccionó el *DSM-IV*), señala algunas de las preocupantes sugerencias de nuevos trastornos que contiene: el Síndrome de Riesgo de Psicosis, cuya tasa de falsos positivos podría alcanzar el 75 %; el Trastorno Mixto de Ansiedad Depresiva; el Síndrome de Juego Patológico; el Trastorno Cognitivo menor, definido por síntomas inespecíficos y cuyo umbral podría incluir al 13,5 % de la población; el Trastorno de Atracones, que sanciona a los glotones acostumbrados a comer demasiado «al menos una vez a la semana, durante tres meses»; o el Trastorno de Hipersexualidad...

Más que identificar los problemas psíquicos de la población, el *DSM* parece una auténtica fábrica de enfermedades, como empiezan a calificarlo algunos autores.

Por su parte, en una crítica semejante a nuestro sistema académico, un reciente «Manifiesto a favor de una psicopatología clínica, que no estadística», elaborado por un grupo de psicoterapeutas de la ciudad de Barcelona, lamenta que ni en las facultades, ni en los programas MIR y PIR se enseñe ya psicopatología clínica y, sin embargo, «se alecciona a los estudiantes en el paradigma de la indicación farmacológica, que en nada se diferencia de una máquina expendedora de etiquetas y reponedora de medicación».

El lenguaje del corazón

Para todo un sector de la psiquiatría, la psicología y el psicoanálisis, el *DSM-IV* contiene un grave error de partida que explica claramente el médico y escritor canadiense Gabor Maté, el de definir el TDAH (y otros trastornos) «por sus características externas, en lugar de por su significado emocional en la vida de las personas».[7]

Sin embargo, como en el caso de las enfermedades físicas, un síntoma solo puede ser aquello que el paciente siente, nunca los signos externos de una enfermedad, aunque sean observables y cuantificables: un dolor en el pecho, por ejemplo, es un síntoma; el sonido que registra el médico al examinarte con su estetoscopio o el color rojizo de la piel en esa zona, son signos clínicos. «El *DSM* habla un idioma de signos —asegura Maté—, maneja simples categorías, porque la medicina convencional no

7. Gabor Maté, M. D., *Scattered. How Attention Deficit Disorder Originates and What You Can Do About It*, Nueva York, Plume-Penguin Books, 2000, pág. 8.

está familiarizada con el lenguaje del corazón, no sabe nada sobre el dolor psíquico».

Aunque, para estudiar a los seres humanos, la conducta parece un dato más objetivo que el relato (o la expresión) de sus emociones y percepciones, cuando se trata de sanar o aliviar un sufrimiento psicológico, los signos externos solo sirven para hacer inferencias, y lo más adecuado es escuchar, preguntar y, especialmente, empatizar con la persona. Pero el *Manual Diagnóstico* excluye los sentimientos, el malestar, las dificultades... y, en general, el mundo interior de niños y niñas. De esta forma, emociones y rasgos del carácter que un día fueron considerados normales, como la timidez, la rebeldía o la frialdad, se valoran negativamente y se convierten en fobias, desórdenes y síndromes. La psiquiatría podría estar vehiculando (y elevando a la categoría de ciencia) valores morales tradicionales de la cultura occidental (obediencia, disciplina, trabajo rutinario...) y, unida a una educación entendida como el arte de «domesticar», de conseguir que las criaturas se adapten «al mundo adulto», su fuerza moralizadora se ve multiplicada.

LA METAMORFOSIS DE LOS VALORES MORALES

La tendencia a moralizar (a juzgar negativamente desde unos valores que se consideran superiores) es muy antigua y tiene raíces culturales y religiosas: durante la Edad Media y hasta bien entrada la época moderna, por ejemplo, cuando un bebé lloraba «mucho» (y la valoración de este «mucho» es, evidentemente, subjetiva, depende de la persona) se pensaba que estaba poseído por el demonio. Buena parte de las ideas y prácticas de nuestra tradición educativa están basadas en conceptos morales que evolucionan con los tiempos pero, generalmente, no se superan ni desaparecen: simplemente se metamorfosean.

Más allá de los problemas epistemológicos de las llamadas «ciencias humanas», etiquetar el TDAH como dolencia individual, orgánica y genética deja fuera toda la problemática social y cultural que rodea al «paciente», renunciando a una visión sistémica decisiva, es decir, la influencia del entorno (familia, escuela, ciudad, hábitos...) en seres humanos en desarrollo como son niños y niñas.

En este sentido, el canadiense Gabor Maté ofrece una interesante definición conceptual de la hiperactividad/déficit de atención que, sin negar la existencia del trastorno, lo entiende como un problema del desarrollo, más que como una enfermedad. Teniendo en cuenta la importancia determinante del ambiente para la actualización (o no) de las características genéticas, Maté considera que los problemas de autorregulación emocional y automotivación que presentan los diagnosticados con TDAH traducen dificultades de maduración del cerebro (en concreto, de las funciones del córtex prefrontal derecho relacionadas con el control de impulsos, la inteligencia emocional, la atención y la motivación). En lugar de un defecto genético, los problemas de maduración proceden de necesidades básicas no satisfechas por el entorno en los primeros años de vida. La atmósfera familiar en la que niños y niñas crecen tiene un impacto decisivo en el desarrollo cerebral. Según este autor, averiguar «¿Qué condiciones necesitamos los seres humanos para madurar a nivel fisiológico y psicológico?», «¿Qué impide a una persona desarrollarse plenamente?», resulta más útil que preguntarse por las causas orgánicas del desorden.

Esta visión permite entender que los síntomas estén tan ampliamente distribuidos entre la población supuestamente no afectada; también aclara que pueda afectar a familias enteras, debido a la influencia del ambiente y a la transmisión de hábitos, creencias, emociones no expresadas y estilos de vida, de una generación a otra. Además, explica el aumento en el número de casos por los drásticos cambios que se han producido en nuestras sociedades, especialmente durante los últimos treinta o cuarenta años. Por último, nos ayuda a imaginar y promover entornos que hagan posible un desarrollo infantil saludable.

UNA EVIDENCIA CADA VEZ MÁS GENERALIZADA

La terapeuta ocupacional canadiense Cris Rowan, con más de veinte años de experiencia, está convencida de que «algo le ocurre a la infancia de hoy». Según esta autora: «En la década de 1990 la mayor parte de mis pacientes presentaban diversos grados de enfermedades orgánicas como parálisis cerebral, autismo, síndrome de Down, espina bífida, daño cerebral... Hoy en día, el 90 % de los trastornos consisten en retrasos en la lectura y la escritura, dificultades de atención y aprendizaje, y problemas de comportamiento».

El mismo fenómeno se está produciendo en nuestro país, como reflexiona la maestra de primaria Ana García: «Ahora, en el gran saco de los trastornos generales del desarrollo incluimos todo aquello que, en realidad, desconocemos. Son niños y niñas indisciplinados, que no atienden en el aula como se espera de ellos, y cada vez hay más».

¿Un negocio?

El doctor Fred Baughman, especialista en neurología infantil con más de 35 años de experiencia, afirma que el TDAH es una condición psicogénica (es decir, de origen psicológico y no biológico), producto de las tensiones de la vida cotidiana, como la ansiedad, o el estrés: «Gran parte de sus síntomas son expresiones normales de niños aburridos, frustrados, asustados, enojados, traumatizados, indisciplinados o solitarios», asegura.[8]

Otros expertos, como Bernard Golse, confirman la afirmación de Baughman: «Vivimos en una sociedad acelerada e hiperactiva que, paradójicamente, no soporta el movimiento de los niños; confundimos las características de la infancia con una patología y les *patologizamos*». O la maestra de infantil Francisca Majó, quien asegura: «Nuestro modelo social y educativo adultocéntrico no contempla sus necesidades de observación, juego, acción o movimiento. La hiperactividad puede ser una huida del aburrimiento, en niños con gran vitalidad, inteligentes y espontáneos».

En ocasiones, incluso profesionales convencidos de la pertinencia del trastorno y de su tratamiento convencional reconocen que se trata más de un síndrome adaptativo (especialmente a la escuela) que de una auténtica enfermedad: «Un buen número de casos de estos niños mejoraría por sí solo, pero lo harían tras pasar la edad académica, con lo que hablaríamos de fracaso escolar y de problemas de autoestima asociados», asegura el doctor Montañés, jefe de Psiquiatría del Hospital Fundación de Alcorcón, coordinador de un grupo de expertos en psiquiatría infantil (GEITDAH) especialmente interesados en el trastorno.

Otros especialistas coinciden también en señalar que el principal problema del TDAH es la escuela, sus presiones, sus ritmos y su falta de manualidad y concreción.

Entonces, ¿no sería más sensato tratar de adecuar los entornos familiares, escolares y sociales a las necesidades y características de los niños y niñas, en lugar de forzarles a adaptarse, con la ayuda de sustancias químicas? Y si muchos niños acaba-

8. Baughman, F., *The ADHD Fraud. How Psychiatry Makes Patients of Normal Children*, Canadá, Trafford Publishing, 2006.

rán mejorando espontáneamente con la edad, ¿no existe el riesgo de «cronificar» sus dificultades, creando una dependencia de por vida?

LA INDUSTRIA FARMACÉUTICA
Y EL SOBREDIAGNÓSTICO DEL TDAH

Hace más de diez años, el doctor Baughman desató la polémica acusando directamente a la industria farmacéutica norteamericana de aprovechar la situación de aislamiento y presión académica que viven los niños de hoy para crear «ilusiones de biología y enfermedad donde no existen».

A juzgar por las cifras, la prescripción de metilfenidato (cuyos principales productores son Estados Unidos, Suiza y el Reino Unido) no ha dejado de aumentar en los últimos años. A nivel mundial, la venta de «pastillas para portarse bien», como las llaman algunos escolares, se ha triplicado. Su producción pasó de 2,8 toneladas en 1990 a 19,1 en 1999. En Estados Unidos, las ventas han subido de 4.000 millones de dólares, en 2007, a 9.000 millones en 2012. En nuestro país, solo en el País Vasco, por ejemplo, las prescripciones se han multiplicado por dieciocho, en seis años, y la cifra de negocio ha aumentado espectacularmente: de 8.648 € en 2001 a 890.848 € en 2007. Según algunos informes, en España no se están siguiendo las recomendaciones sanitarias más básicas y prudentes para la prescripción de metilfenidato y, a menudo, el medicamento se receta «*off-label*», es decir, fuera de las indicaciones de la ficha técnica, para un uso distinto del que detalla el prospecto: «La mayoría de los niños españoles tratados con fármacos para el TDAH no están enfermos en realidad; han sido víctimas de un exceso en el diagnóstico, cometido por los psiquiatras, pediatras, neurólogos o pedagogos que los trataron, y por sus propios padres, que demandan la pastilla mágica que acabe con los problemas», declara sin tapujos la psiquiatra Eglée Iciarte.

El Centro de Prevención y Control de Enfermedades de la administración sanitaria norteamericana acaba de hacer público un informe donde aborda el problema del sobrediagnóstico y los resultados contradictorios de la medicación, que tanto puede «mejorar la calidad de vida» como «ocasionar episodios de ansiedad, adicción e incluso psicosis»: «Tenemos que garantizar el equilibrio. Encontrar los medicamentos adecuados para tratar el trastorno, y asegurarnos de que se están administrando a las personas adecuadas», concluye el informe.

EL SUPERHÉROE HIPERACTIVO

El 5 de septiembre del pasado año 2012, Mara Bizzotto, del grupo Europe of Freedom and Democracy (EFD), denunció en el Parlamento Europeo la difusión de cómics protagonizados por superhéroes diagnosticados con TDAH en las páginas web de ciertas compañías farmacéuticas, en los que se explica a los niños y a sus padres cuáles son los principales síntomas y la mejor manera de tratarlos.

Según la eurodiputada, los dibujos promueven la aceptación de una posible tendencia al abuso en la prescripción de drogas psicotrópicas (con efectos secundarios) que pueden resultar peligrosas para los niños.

Bizzotto exige que se realicen estudios sobre la llamada «promoción de falsas enfermedades» por parte de una industria farmacéutica en plena expansión y sus circuitos de influencia: asociaciones de profesionales de la medicina, grupos de pacientes, productores de equipamiento médico, compañías de seguros..., con el objetivo exclusivo de aumentar sus beneficios.

Un informe elaborado internamente por el Departamento de Política Económica y Científica, a petición del Comité de Medio Ambiente, Salud

Pública y Seguridad Alimentaria del Parlamento Europeo,[9] revisa el creciente cuerpo de estudios que, desde la década de 1990, parecen probar la existencia del fenómeno, que cuenta con ingentes inversiones en marketing y tráfico de influencias, el uso masivo de Internet y los medios, y la emergencia de nuevos mercados.

El TDAH es uno de los trastornos más citados. «Los laboratorios, en colaboración con las asociaciones de afectados, van a los coles a explicar en qué consiste el trastorno y cómo hay que tratarlo», cuenta María, psiquiatra en un centro de salud. «Después, el número de consultas aumenta significativamente».

Diversas publicaciones señalan el papel de la industria farmacéutica como factor decisivo en la propagación del diagnóstico. La controversia por el negocio de los psicoestimulantes ha llegado incluso a las instituciones de la Comunidad Europea, que en 2008 archivaron la propuesta de elaborar una normativa y exigieron a los fabricantes ofrecer al público una amplia información sobre los medicamentos. Pero frente a quienes pretenden que el TDAH es una pura invención de la industria farmacéutica, algunos psiquiatras como Bernard Golse insisten:

La hiperactividad existe, pero es excepcional, son muy pocos casos. Hablar de un 8, un 10 y hasta un 15 % de incidencia es una tontería muy triste, una falsedad difundida por los laboratorios que solo quieren vender medicamentos.

9. Sosa-Iudicissa, Marcelo y Tejedor del Real, Purificación, *Disease mongering (Pseudo Disease Promotion)*, Directorate General for Internal Policies, Policy Department A, Economic and Scientific Policy, European Parliament, 2012.

El punto en común más importante que da unidad a la gran diversidad de síntomas atribuidos al trastorno, es su respuesta positiva al mismo tratamiento: el metilfenidato, un psicoestimulante que favorece la concentración, pero no cura, es altamente adictivo y posee numerosos efectos secundarios. La mejoría en los síntomas se utiliza generalmente para validar la pertinencia del diagnóstico. Sin embargo, algunos psiquiatras argumentan que, al igual que los diagnosticados, cuando los niños normales consumen el fármaco, tienden a mostrarse más dóciles y obedientes, más capaces de concentrarse, de seguir instrucciones y de realizar tareas repetitivas y rutinarias. También parecen como ausentes y, manifiestamente, menos en contacto con sus propios sentimientos.

En las dosis prescritas, los pacientes refieren, además, sensaciones de poder, satisfacción y euforia que disminuyen el cansancio y reducen la necesidad de sueño y alimento. Junto a la pérdida de apetito, los efectos secundarios «más frecuentes» son la disminución del peso y la estatura, trastornos del sueño, irritabilidad y ansiedad. Estudios recientes apuntan al deterioro de la capacidad cognitiva, la aparición de psicosis paranoide (que remite con la supresión del tratamiento), complicaciones cardiovasculares y crisis epilépticas. Algunos estudios han identificado un riesgo de daño cerebral (concretamente atrofia cortical) por la ingestión de metilfenidato prolongada, durante años.[10] En cuanto a la posibilidad de que contribuya a desarrollar un hábito de dependencia de sustancias tóxicas en la vida adulta, no está comprobada: algunos estudios lo afirman y otros aseguran que su uso protege de futuras tendencias toxicómanas.

10. <http://www.breggin.com/index.php?option=com_content &task=view&id=123>.

¿«*Ensayos*» *de laboratorio a escala real?*

El Ministerio de Sanidad español admite en una nota a los profesionales sanitarios que «su mecanismo de acción no se conoce con precisión» y que «no se dispone de datos suficientes respecto a los posibles efectos a largo plazo». El departamento de sanidad de Estados Unidos añade algo más: «El metilfenidato puede causar muerte súbita en niños y adolescentes, especialmente en aquellos que tienen problemas cardíacos».

La prescripción de psicoestimulantes a criaturas cuyos sistemas mente-cuerpo-espíritu están aún en desarrollo no deja de levantar polémica por las consecuencias a largo plazo, derivadas de un uso habitual y continuado. Desde que en 1980 la Asociación Americana de Psiquiatría reconociera oficialmente el TDAH como una enfermedad infantil (más concretamente a partir de la década de 1990), las recetas se han incrementado un 700 % solo en Estados Unidos, un país donde uno de cada cinco niños y niñas toma regularmente drogas psicotrópicas: «Esto es exagerado, lamenta uno de los responsables de la administración educativa norteamericana; nos preocupa que muchos menores estén siendo tratados con psicofármacos, sin necesidad, porque los padres tienen miedo a que expulsen a sus hijos del colegio».

El Instituto Nacional de la Salud español arranca su página de información ciudadana sobre el controvertido fármaco con una seria advertencia: «El metilfenidato —comercializado en España con los nombres de Concerta, Medikinet y Rubifén— puede crear hábito. Si ingiere demasiado, puede sentir que no controla sus síntomas y que necesita tomarlo en grandes cantidades; también es posible que experimente cambios inusuales en su comportamiento».

En Europa, el Reino Unido, Alemania y España son los principales consumidores; **según el registro internacional de da-**

tos del instituto de estudios de salud IMS MIDAS, nuestro país ocupa el tercer lugar del mundo (por detrás de Estados Unidos y Canadá) en número de recetas de antidepresivos, ansiolíticos, estimulantes, antipsicóticos, etc. que se extienden a menores. Francia y Suecia, por el contrario, limitan legalmente su uso, al considerarlas sustancias estupefacientes.

Pese a todo, el Comité de Productos Medicinales para Consumo Humano (CHMP) de la Unión Europea estima que, cuando se utiliza en niños mayores de 6 años, los beneficios del metilfenidato para el tratamiento del TDAH continúan siendo superiores a sus riesgos.

La Agencia Española de Medicamentos y Productos Sanitarios, por su parte, alerta sobre su uso y aconseja que se utilice bajo la supervisión de un especialista, se realice un examen cardiovascular, se lleve a cabo una evaluación al menos anualmente, se monitorice el peso y la altura de los pacientes, y se realice un examen cuidadoso para reducir el riesgo de que se produzcan o se incrementen trastornos psiquiátricos como la depresión, manía, hostilidad, psicosis y comportamiento suicida.

Si bien algunos psiquiatras se felicitan por una respuesta a la medicación «fantástica» en el 92 % de los casos y aseguran que la tasa de tratamiento es diez veces menor de lo que debería (solo uno de cada diez niños y adolescentes diagnosticados toma el fármaco en nuestro país), lo cierto es que la profesión médica está dividida entre entusiastas, escépticos y críticos.

El punto más delicado es la inmadurez del sistema nervioso central infantil, en continua evolución hasta los 7 u 8 años, y sujeto a fuertes cambios hasta la adolescencia: «¡Como para introducir crónicamente anfetaminas en ese cerebro del que sabemos tan poco, salvo su dinámica y plasticidad!», se alarma Jorge Tizón, del equipo de prevención en salud mental de Cataluña.

La magia del fármaco

¿Cuál es la experiencia de las personas afectadas? Con la medicación algunas familias han recuperado la tranquilidad, la normalidad, han podido dejar de batallar cada día por las cosas más pequeñas y se han relajado. Mercedes y Alberto, los padres de Alberto, aseguran:

> La pastilla que toma ha supuesto un antes y un después en la vida de nuestro hijo. Con el tratamiento —y los resultados se vieron en una semana—, no solo ha ganado en capacidad para gestionar su trabajo y su tiempo, o en sentido del orden, sino que su autoestima y su carácter han mejorado y también sus resultados académicos.

Javier, padre de un preadolescente con déficit de atención, cuenta:

> Pablo toma la medicación, desde hace seis años, y el cambio ha sido espectacular. Repitió primero de primaria porque no había forma de que se centrara en nada. Después de darle muchísimas vueltas decidimos probar la medicación. Hoy en día estamos encantados. Tiene 12 años y su rendimiento escolar es fantástico.

Otras familias, por el contrario, no refieren cambios positivos. Carlos, padre de un niño con TDAH, explica:

> Bajo recomendación médica, hemos probado todo tipo de medicación sin resultados. Por contra, los efectos negativos son muy patentes: pérdida de apetito, cambios de humor y un largo etcétera. En nuestro caso los fármacos no han solucionado nada...; sin embargo, nos ha servido de gran ayuda saber entender a nuestro hijo y su problema.

Por su parte, María relata:

> Soy madre de un niño hiperactivo, medicado durante tres años, sin que cambiara su situación. Desde que dejó de tomar la pastilla ha crecido y come con gusto; también está más contento, se comunica más... Necesita muchísima atención, dedicación y cariño; en el colegio no quieren entenderle... o no tienen tiempo; su único objetivo es que «no moleste», que no distorsione las estadísticas.

Muchos confiesan que la mejoría no es estable y solo dura lo que duran los efectos de la pastilla. Carmen, madre de Pedro, un chico de 15 años adoptado, que lleva desde los 9 tomando Concerta, comenta:

> Con la medicación me obedece más, está más centrado, más calmado, pero cuando se le pasa el efecto, o no la toma, reaparecen los mismos síntomas.

Algo que también reconoce Chelo, madre de Lucas:

> Ha mejorado su rendimiento escolar, su hermano puede jugar con él, y en casa hay paz durante las horas que dura el efecto del tratamiento. Pasado ese tiempo, todo vuelve a ser como antes.

BORRAR DEL MAPA LOS PROBLEMAS

La «magia» del fármaco permite transformar con pulcritud y rapidez conductas y estados emocionales que no sabemos o no podemos manejar de otra forma. «Borrados del mapa», por así decirlo, los problemas (individuales y de relación) no se elaboran, no se integran, no se superan... y reaparecen a la mínima oportunidad. Además, el uso cotidiano de sustancias químicas lleva implícitos una serie de mensajes y aprendizajes, una vivencia del cuerpo como máquina: la vida se controla con una pastilla (tan fácil como apretar un botón); es preciso adaptarse y «rendir», ser productivo, a cualquier precio; no hay espacio ni tiempo para hablar, resolver los conflictos y/o vivir los procesos; existen soluciones automáticas y externas al propio individuo, al grupo familiar... «El riesgo —advierte Eglée Iciarte— es desposeerles de su voluntad para aprender a gestionar sus emociones». Lo que confirma también Beatriz Janin: «Aprenden que sus sentimientos y comportamientos son un problema imposible de gestionar sin recurrir a una ayuda externa».

Etiquetas... ¿tranquilizadoras?

Con todo, el diagnóstico (y su tratamiento) ofrecen una explicación a las dificultades y resultan tranquilizadores: el origen genético y su visualización como un trastorno orgánico suponen un alivio para los hiperresponsabilizados y escasamente apoyados padres y maestros de hoy. Frente a ello, enfoques más psicológicos y sistémicos (que hablan de problemas de vínculo, de gestión de las relaciones adultos/niños o de organización y prácticas escolares) son rechazados por la carga de culpa que conllevan. «Suficientemente duro es convivir con una persona con TDAH, y los problemas que ocasiona en la relación familiar, como para encima tener que soportar el sentimiento de culpa por no saber educar a tu hijo», se queja Maribel. «Por muy de acuerdo que estés con las ideas de innovación educativa, al final acabas pidiendo que le den la pastillita; a veces es la única forma de poder trabajar en el día a día», asegura Joan Domènech, maestro y director de una escuela de primaria.

La medicación ofrece una solución relativamente cómoda, que no pone en cuestión las estructuras existentes, ni requiere grandes cambios en las prácticas educativas (la escuela puede seguir aplicando las mismas metodologías...) ni en las formas de parentalidad. En ocasiones, puede contribuir puntualmente a relajar, y ayudar así a volver a la normalidad a un sistema familiar exasperado y exhausto, antes de introducir otro tipo de medidas y/o tratamientos más profundos. Pero supone asumir un diagnóstico que algunas familias rechazan por miedo a ver a sus hijos etiquetados y categorizados de por vida. Como explica Pedro, padre de una joven con un supuesto déficit de atención: «Aunque la finalidad del término no sea marcarles, la forma en que la gente utiliza el lenguaje es reveladora. Dicen: este niño ES TDAH, le reducen a una etiqueta, que además no puede cuestionarse porque es científica, y condiciona negativamente su futuro».

Ciertos padres, en cambio, prefieren el trastorno a otros calificativos: «Es un golfo, un gamberro ¿no son marcas mucho más crueles, que además les penalizan como personas?», se pregunta Charo, madre de un niño diagnosticado. Tanto si se trata de una enfermedad real, como si responde a la patologización de comportamientos y dificultades propias del desarrollo infantil en nuestro momento social, muchas personas reclaman la atención médica y psiquiátrica como un derecho legítimo de los niños, y llegan a pedir que se les reconozca una discapacidad.

El riesgo, sin embargo, es transformar prevención y tratamiento en una forma de predicción estilo Pigmalión, un fenómeno ampliamente estudiado por la psicología que describe de qué modo influyen las creencias y expectativas de una persona sobre el comportamiento y el rendimiento de la otra: hacer de los problemas una realidad probada, en lugar de contribuir a resolverlos. De ahí la necesidad urgente de diversificar y multiplicar las visiones, los enfoques preventivos, terapéuticos, educativos y asistenciales, para garantizar que no estamos cronificando y medicalizando innecesariamente expresiones de la infancia que pueden tener síntomas comunes, pero muy diversas causas.

LA INFANCIA HOY

Como hemos visto, hasta el momento el TDAH se ha enfocado principalmente desde un punto de vista paliativo (más que preventivo), y con un enfoque individual y genético, en lugar de social y ambiental. Sin embargo, el ser humano es básicamente un animal social y, en rigor, al nacer esencialmente inmaduro y dependiente, no puede separarse del contexto y la situación en la que crece y se desarrolla, especialmente en la primera (y más frágil) etapa de su vida. Niños y niñas son extremadamente sensibles a las características y cualidades de sus ambientes familiares, escolares, sociales, urbanos..., al grado en que estos entornos son (o no son) capaces de satisfacer sus necesidades de afecto, seguridad, identidad, pertenencia, compañía..., además de alimentarias, y materiales en general.

La hipótesis que manejo en este libro es que el TDAH no es tanto un trastorno individual de algunos niños y niñas que vienen al mundo con una especie de «defecto de fabricación», sino la consecuencia de la situación actual de la infancia, cuyas condiciones de desarrollo se han visto especialmente alteradas en las últimas décadas. He aquí algunos de los cambios más importantes que cualquier adulto puede observar, comparando su infancia con la de los niños y niñas de hoy.

«Cuando era pequeño, en mi bloque de cinco pisos, con tres viviendas por planta, había al menos setenta y cinco niños», asegura Marcos, vecino de Madrid, casi asombrado de su propia observación. La población infantil de nuestro país ha pasado del 33 % al 15 % en los últimos treinta años. Y no es necesario consultar las estadísticas, sino simplemente salir a pasear un domingo por la tarde, para darse cuenta de que el número de mayores de 65 años supera, por primera vez en la historia, al de menores de 16 años.

La tasa de natalidad, que se ha incrementado ligeramente en los últimos doce años, es de 10,2 nacimientos por cada mil habitantes, y llegó a reducirse a la mitad entre 1976 y 1995. Muchas mujeres deciden no ser madres, o empiezan a planteárselo seriamente cerca de los 40, lo que estrecha considerablemente la probabilidad de tener más de un hijo. La tasa media de fecundidad de las españolas es de 1,35, con una reducción del 75 % respecto a los primeros años del siglo pasado, cuya media era de 4,7 hijos por mujer. A causa de las decisiones relativas al trabajo y la carrera, la situación económica y la maternidad tardía, lo más frecuente, hoy en día, es encontrar familias con hijos únicos o que, como mucho, han ido «a por la parejita».

La estructura familiar ha cambiado también radicalmente en los últimos veinte o treinta años, pasando de ser un grupo amplio que incluía con frecuencia a los abuelos e incluso a tíos y primos, a otro reducido a los progenitores y sus retoños. Además, debido al incremento en el número de separaciones (tres de cada cuatro matrimonios terminan en divorcio) y de personas que deciden tener hijos solas, el porcentaje de familias monoparentales (con un solo progenitor) se ha incrementado en un 78 % en la última década; en el 90 % de los casos quien asume la responsabilidad parental es la madre. La falta de niños se deja sentir en el elevado número de familias que deciden adoptar: España tiene la tasa más alta del mundo, 13 por cada 100.000 habitantes, y en un 90 % de los casos se trata de adopciones internacionales, lo que añade las diferencias sociales y culturales, a los clásicos problemas de vínculo y adaptación.

¿Qué es un niño?

Una de las consecuencias de esta situación en «el viejo mundo» es que los adultos no estamos familiarizados con la infancia y desconocemos sus características. Seguramente por esta razón, muchas mujeres embarazadas, al enterarse de su estado, salen corriendo hacia la biblioteca, la librería o el quiosco en busca de libros y revistas que puedan darles aunque sea una mínima orientación. Cuando un nuevo ser humano entra en su vida, el conocimiento que la mayoría de los padres principiantes tienen de la etapa infantil es, en el mejor de los casos, libresco; tampoco suelen recibir ayuda por parte de las autoridades y, con suerte, pueden contar con sus familiares cercanos.

Como reflexiona el educador José Carlos Tobalina:

> Vivimos en una sociedad envejecida que está olvidando lo que significa ser niño o niña y nos cuesta entender sus ritmos, sus procesos, sus puntos de vista.

Y lo mismo confirma su compañera Francisca Majó, maestra de infantil: «Nuestro modelo social y educativo adultocéntrico no contempla sus necesidades de observación, de juego, acción o movimiento». Esta podría ser una de las razones por las que, muchas veces, expresiones habituales de niños cansados, aburridos, fastidiados, con rabia... se interpretan como un problema. Cuando viajo a países «en vías de desarrollo» observo, en la población en general, una mayor familiaridad con niños y niñas, quizá simplemente porque su número es más elevado y cualquier adulto tiene (o ha tenido a lo largo de su vida) hermanos, hijos, sobrinos, primos o vecinos que cuidar. Es frecuente ver sonrisas de tolerancia y expresiones pacientes frente a las torpezas y travesuras infantiles; también se percibe menos miedo y una menor presión y exigencia de comportarse cuanto antes como un adulto, de hacer «bien» las cosas.

Con hijos únicos, padres y madres podemos volcar mejor nuestros desvelos sobre ellos, ofrecerles mayor atención durante la crianza; pero también es más fácil controlarlos y sobreprotegerlos. Y, aunque seguramente tienen otras ventajas, los retoños se ven privados, como mamíferos y seres sociales que son, de la pertenencia, el vínculo y los aprendizajes ligados a «la camada», el grupo de hermanos; e incluso cuando los tienen, la diferencia de edad suele ser muy grande.

Soledad infantil

«Muchas veces me siento solo. No tengo a nadie con quien jugar», cuenta Manuel, de 7 años. «A veces me aburro tanto que me pongo a limpiar cristales», asegura Gimena, de 10 años. «Juego solo a las cartas. Pero no es divertido, siempre gano yo», comenta Javi, de 9 años.[1]

Según una encuesta sobre la infancia en España realizada en 2008 por la fundación SM y la Universidad de Comillas, casi el 30 % de los niños y niñas españoles dicen sentirse solos, incluso cuando la presencia de los padres es bastante habitual. El sentimiento es aún más fuerte entre la población inmigrante

---

1. Freire, H., «La voz de la infancia», *Cuadernos de Pedagogía*, n.° 407, 2010.

(40 %), que no dispone de familiares cercanos. En los medios de comunicación, el debate sobre estos datos se ha centrado casi exclusivamente en los famosos «niños-llave» que, debido a los extensos y descoordinados horarios laborales de sus padres, pasan mucho tiempo aislados en sus casas, y pueden llegar a tener un sentimiento de abandono. Sin embargo, la soledad de la infancia es también (de una forma que frecuentemente los adultos olvidamos) ausencia de iguales, de un grupo infantil al que pertenecer y donde establecer relaciones interpersonales.

LA IMPORTANCIA DE LOS AMIGOS

El ser humano es un animal social cuyo sentido del yo se desarrolla no de forma aislada, sino en el contexto de un grupo. Por eso la amistad es fundamental para niños y niñas desde la primera infancia: les ofrece la posibilidad de construir su propia identidad personal y social, aumenta su autoestima y les ayuda a enfrentarse a situaciones difíciles y cambios en sus vidas. «Los amigos te ayudan si tienes un problema, te hacen compañía cuando estás triste, te enseñan cosas», asegura Diego, 8 años.

Además de la familia, los amigos satisfacen la necesidad humana básica de pertenencia a un grupo muy importante en la etapa infanto-juvenil, ofrecen un sentido de apoyo y comunidad que aporta bienestar y sensación de protección.

Estudios realizados en situaciones límite como, por ejemplo, una guerra, demuestran que la resiliencia infantil, es decir, la capacidad para superar y recuperarse de eventos traumáticos, es mayor cuando los niños están al cuidado de otros niños, que cuando quedan a cargo de adultos, especialmente si estos están tan afectados que no pueden ofrecerles un sentimiento de estabilidad y competencia. Tal vez por eso, en sociedades tradicionales como la africana, todo el mundo tiene claro que, después de los padres, los más aptos para cuidar de los pequeños son sus hermanos mayores, una tarea de la que, por otro lado, se sienten orgullosos. El grupo de iguales proporciona también más fácilmente que los adultos (especialmente en culturas como la nuestra) el tacto y contacto que los niños de hoy necesitan. Y no olvidemos que las oportunidades de ocio son más, y de mejor calidad, con el grupo de amigos que solos o con adultos: «Con un amigo puedes hacer más juegos; al parchís sola es imposible y dar a una pared con el balón es aburrido», afirma Andrea, 9 años.

ENCERRADOS Y SEDENTARIOS

En las últimas décadas, las ciudades han conocido un desarrollo urbanístico basado en la separación de funciones: áreas residenciales, industriales, administrativas, comerciales, de servicios, recreativas... Una especialización que ha aumentado su extensión y obligado a sus habitantes a cubrir grandes distancias, cada día, para desplazarse, por ejemplo, entre su domicilio y su lugar de trabajo. Las decisiones urbanísticas han privilegiado el vehículo individual como medio de transporte, y las necesidades de un pequeño sector de la población: adulto, mayoritariamente hombre, trabajador, conductor. Se han convertido en auténticas junglas de cemento, asfalto y hormigón, sucias y contaminadas: polución atmosférica, ruido, problemas de tráfico, accidentes, falta de espacios verdes... influyen negativamente en el bienestar y la calidad de vida de sus habitantes, especialmente de los más vulnerables: niños, niñas y ancianos. En sus calles, que en otra época fueron espacios naturales de encuentro, donde se tejían lazos de amistad y de vecindad, ya solo les gusta «jugar» a los automóviles, como advertía recientemente la publicidad de una conocida marca. El miedo, la desconfianza, y una sensación de inseguridad, real o inducida por los medios de comunicación, incita a los ciudadanos a replegarse en sus casas, en zonas privadas, cerradas y vigiladas. El espacio público se ha reducido a su mínima expresión: el centro comercial y la autopista saturada de vehículos.

Ambientes que enferman

Estudios de psicología ambiental han demostrado, por ejemplo, que la exposición a estresores como la polución del aire, o ciertos químicos, puede afectar a la vitalidad de los niños y al desarrollo de su inteligencia, lo que incluye sus capacidades de atención y memoria. La contaminación atmosférica por tráfico rodado podría ser una de las causas del TDAH. Un reciente estudio de la Universidad de Cincinnati realizó el seguimiento de casi seiscientos niños y niñas desde el nacimiento hasta los 7 años de edad. Los investigadores encontraron que quienes vivían cerca de autopistas y grandes arterias, especialmente durante el primer año de vida, tenían más riesgo de sufrir el trastorno al cumplir los 7. Los gases de los motores pueden ser especialmente dañinos para el delicado y extremadamente rápido desarrollo del cerebro infantil. Un 11 % de la población americana vive a menos de 100 metros de una autopista y el 40 % de las escuelas están situadas en un radio de 400 metros.

Una investigación internacional, realizada comparativamente en Holanda, España y el Reino Unido, evaluó el impacto en la salud y las capacidades cognitivas de los ruidos ambientales[2] procedentes del tráfico aéreo y por carretera. Se administraron cuestionarios, entrevistas y test a una muestra de casi 3.000 alumnos de 9 y 10 años que acudían a escuelas cercanas a aeropuertos, o a carreteras y autopistas muy frecuentadas, así como a sus padres. Los datos recogidos permitieron relacionar direc-

2. Corraliza, J. A. y Collado, S., *Naturaleza y bienestar infantil*, Hércules/Salgueiras, 2012, págs. 69-70.

tamente la exposición crónica al ruido de motores de avión con problemas de comprensión lectora, atención y memoria, medidos mediante la Escala de Déficit de Atención con Hiperactividad; e indirectamente con estados de ánimo como enfado, enojo y fastidio. La contaminación acústica procedente del tráfico por carretera, por su parte, se vinculó significativamente con problemas de conducta. José Antonio Corraliza, catedrático de Psicología Ambiental de la Universidad Autónoma de Madrid, señala al reflexionar sobre estos resultados:

> El tipo de ruido, en este caso constante y predecible como el del tráfico, o impredecible y esporádico como el de los aviones, hace que el efecto sobre la salud de los niños sea distinto, sufriendo mayor hiperactividad unos, y más alteraciones de conducta otros.

También se ha demostrado que los espacios verdes poseen un beneficioso efecto relajante y recuperador de la atención de los niños, tras un periodo de esfuerzo prolongado. La falta de naturaleza (y de un tiempo cotidiano de ocio y disfrute en ella) podría ser otra de las causas del extraordinario auge en la incidencia del TDAH. Varios investigadores, citados también por Corraliza, «llegan a la conclusión de que el funcionamiento cognitivo de los niños es mejor de lo habitual después de realizar actividades en espacios verdes y que, cuanto más verde es el espacio de juego, menores son sus síntomas de déficit de atención».

TERRITORIOS MÁGICOS

La transformación de las ciudades ha dejado a los niños sin esos territorios mágicos, fronterizos entre campo y ciudad, donde nuestra generación aún pudo jugar, soñar y crear. Lugares donde explorábamos las capacidades sensoriales y motoras de nuestros cuerpos y experimentábamos vivencias de libertad y autonomía fundamentales para la construcción de nuestra identidad: descampados, huertos y prados, callejones sin asfaltar, casas y jardines abandonados, escondites de lagartijas, hormigueros, nidos de pájaros, charcos y tierra...

También les ha robado su espacio de socialización natural: «Cuando pienso en mi infancia —cuenta Ramona, de 68 años, vecina de Madrid— me parece un sueño la libertad de la que disfrutábamos; pasábamos la tarde en la calle, después del cole, y bajábamos las sillas de casa para ver a los titiriteros. Todas las puertas estaban abiertas...».

Hasta hace quince o veinte años, los mejores amigos se hacían en el barrio; hoy, se encuentran en el cole, sin que esta institución haya podido colmar el vacío que la ciudad ha dejado: las relaciones escolares se limitan, generalmente, a media hora de recreo al día; el resto del tiempo (clases, extraescolares) los alumnos comparten el aula, pero apenas interaccionan entre sí y, cuando lo hacen, suele ser dirigidos por adultos. Ni sus patios, ni sus edificios ofrecen las oportunidades de autonomía, misterio y aventura de las calles de antaño, convertidas hoy en lugares inhóspitos, hostiles, de tránsito y prisa. Natalia, de 11 años, comenta:

Quedar en la calle no es divertido; hay mucho coche, gente que pasa corriendo, porque llega tarde, y te dicen que te apartes... hay gente mala.

Hiperresponsabilizadas y asustadas, las familias prefieren ofrecer a sus hijos la seguridad del hogar, del consumo y la tecnología, a los peligros de las calles:

Me gustaría salir con mis amigos, explica Pablo, de 9 años, pero como mis padres no me dejan, me quedo en casa jugando a la Wii.

Como señala Mari Sol Mena, responsable del proyecto «Madrid a pie», un programa municipal que trata de recuperar la costumbre de ir andando al cole, el precio que hay que pagar por esta tranquilidad es, quizá, demasiado elevado:

> En Madrid, hemos visto cómo la infancia iba desapareciendo de nuestras calles. Hemos asistido a una drástica reducción de sus posibilidades de juego, autonomía y convivencia.

Una visión que nos confirma Fidel Revilla, del grupo «La ciudad de los niños» de Acción Educativa: «Estamos ante la primera generación de niños y niñas que no pueden moverse libremente por las calles».

Pese a que cuentan con más medios que nunca para educarse y crecer, la pérdida de márgenes de autonomía y movimiento, entre los niños occidentales, resulta preocupante. Una situación que empieza a afectar también a los llamados «países emergentes» por el crecimiento acelerado de las ciudades, donde hoy vive más del 50 % de la población mundial (el 75 % en Europa).

Bajo la mirada adulta

Según un estudio de Play England, desde la década de 1970, la distancia del juego autónomo al aire libre al juego en casa ha disminuido un 90 %. Solo el 29 % de los niños disfruta actualmente de actividades regulares al aire libre (comparado con un 70 % hace veinte años), y al 51 % de los que tienen entre 7 y 12 años no se les permite subir a un árbol sin supervisión adulta. En nuestro país, únicamente el 30 % de los niños entre 7 y 12 años van solos al colegio.

Entre clases y extraescolares, el tiempo de juego libre de los niños se ha reducido unas 15 horas semanales, según estimaciones del psicólogo norteamericano David Elkind. El 70 % de sus actividades están dirigidas por adultos y, con unas agendas a menudo sobrecargadas, resulta muy difícil quedar para divertirse. Aura, de 10 años, explica:

> Yo y Violeta, mi vecina, solemos bajar al patio a jugar, pero no siempre podemos porque ella tiene piano y natación, yo voy a inglés y esgrima, y también hay que estudiar y hacer los deberes...

Está claro que los espacios cerrados no ofrecen las mismas posibilidades de juego y movimiento que los entornos abiertos. En casa y en la escuela, niños y niñas pasan mucho tiempo entre cuatro paredes, en ocasiones hacinados en aulas donde las ratios profesor-alumno son cada día más altas. Algunos «soportan» bien esta situación, mientras otros, con niveles energéticos quizá más altos y una fuerte necesidad de descarga, acaban presentando conductas «disruptivas».

Personalmente, fui testigo del cambio radical en el comportamiento de Pablo, un niño de 2 años y medio, al que sus padres y cuidadores empezaban a etiquetar de «agresivo», cuando pasó de la guardería a una escuela en el bosque. En contacto con la naturaleza, Pablo tuvo suficiente espacio personal como para no necesitar invadir el de los otros ni luchar por hacerse un lugar donde desplegar adecuadamente sus muchas capacidades.

El ambiente de pánico y sobreprotección que rodea a la infancia, junto con unas reglas cada vez más restrictivas en el ámbito de la seguridad como las que plantea la ley sobre seguridad de los centros educativos de 1991, hacen que **los maestros de hoy apenas se atrevan a sacar fuera a sus alumnos, por miedo a las represalias si ocurren accidentes.** En una reunión con profesionales tanto jóvenes como veteranos con más de treinta años de experiencia, se puso de manifiesto la diferencia entre las prácticas antiguas y las actuales: antes se organizaban salidas frecuentes incluso con alumnos discapacitados; hoy, las excursiones se reducen al mínimo y se vigilan al máximo: «Nos cuentan, nos ponen pegatinas por todas partes, nos vuelven a contar... pero ¡si ya nos habéis contado!, les decimos, pero da igual», ironiza Pedro, 11 años.

Con un entorno físico y social cada vez más reducido, no es de extrañar que muchos niños y jóvenes encuentren una vía de escape en los mundos virtuales de las pantallas, un espacio que, mágicamente, les ofrece nuevas posibilidades de juego, diversión, autonomía y socialización; aunque las relaciones que se establecen en la web sean más imaginarias que reales y en ellas prime la cantidad por encima de la calidad del contacto: «Los niños de hoy pueden llegar a tener cuatrocientos amigos en Facebook —lamenta Carl Honoré— pero ni uno solo para bajar a jugar al parque».

Demasiado quietos

El resultado de los cambios en la estructura urbana, los desplazamientos en transporte motorizado, la vida en espacios cerrados, los métodos de aprendizaje convencionales, las escasas salidas a entornos cercanos y/o naturales, las nuevas tecnologías..., es que a la infancia de hoy le falta ejercicio físico.

Un reciente estudio de la Universidade do Minho (Portugal) sobre los niveles de actividad en una muestra de 213 escolares portugueses, de entre 9 y 10 años de edad, asegura que pasan el 75,6 % del día sentados o acostados. El informe presenta las nefastas consecuencias del sedentarismo para la salud, el desarrollo de las capacidades de coordinación motora e inteligencia espacial y, en general, los aspectos cognitivos, el mundo emocional, la autonomía, la autoestima y el bienestar global de los niños, con un impacto evaluable incluso en los resultados académicos. Sugiere que tres cuartos de hora de ejercicio físico al día son claramente insuficientes para paliar estos efectos, y apunta hacia la necesidad de incrementar el tiempo escolar destinado al movimiento, especialmente autónomo, en lugar de reducirlo como está sucediendo.

Seguramente es la primera vez en la historia de la humanidad que niños y niñas pasan tanto tiempo quietos, lo cual resulta chocante si tenemos en cuenta que el organismo humano está hecho para moverse. Durante millones de años, y hasta que en el último siglo se inventaron las máquinas que hacen los trabajos pesados y nos transportan a toda velocidad, hemos debido desplazarnos y realizar numerosas tareas por nosotros mismos. Ciertamente, no puede decirse que la dificultad para sentarse y permanecer quieto, uno de los «síntomas» que caracterizan el TDAH, represente la involución de una habilidad ancestral de nuestra especie, sino ¡más bien todo lo contrario!

Aunque la comodidad se ha convertido en un valor cultural incuestionable, nuestros cuerpos son felices moviéndose porque su energía no solo se desgasta, también se renueva cuando la utilizamos. Al movernos, recibimos múltiples estimulaciones, en todas partes, a través de los órganos de los sentidos (vista, tacto, oído, gusto, olfato, sinestesia...); sensaciones y percepciones que nuestro cerebro integra y procesa: así se establecen y desarrollan los circuitos y conexiones neuronales, y se produce el aprendizaje. Por tanto, para aprender, no basta con activar la mente, ni tampoco con desplazar exclusivamente el cuerpo; necesitamos «pensar moviéndonos», recibir estímulos y percibir sensaciones que favorezcan la conexión mente-cuerpo. Esto es aún más cierto en el caso de las criaturas cuyo organismo está creciendo físicamente y, gracias al movimiento, se desarrolla también a todos los niveles: agudeza sensorial, inteligencia espacial, capacidad de abstracción, creatividad y habilidad para resolver problemas, lenguaje y comunicación racional y emocional, autoestima y confianza en uno mismo, voluntad y capacidad de superación...

Los expertos saben que el desarrollo motor es la base de la persona y consideran que un niño normal necesita de tres a cuatro horas de movimiento y juego libre al día, para crecer de forma sana. Las consecuencias del sedentarismo van, por lo tanto, mucho más allá de problemas físicos como la obesidad, hipertensión, asma, diabetes, dificultades circulatorias, malos hábitos alimenticios, etc. También produce desórdenes psíquicos y cuadros de estrés. La energía corporal no se renueva, ni fluye adecuadamente entre el interior y el exterior del cuerpo, lo que provoca reacciones parecidas a algunos de los síntomas descritos para el TDAH: movimientos descontrolados y «sacudidas», dificultades para la coordinación motora, impulsividad, etc. Si al sedentarismo le añadimos un exceso de horas de pantalla, con la consiguiente sobreexcitación cerebral a través de los sentidos de la vista y el oído, pero sin movimiento (y, paralelamente, largas jornadas lectivas en las que también se les pide que se estén quietos y atiendan), comprenderemos que los sistemas infantiles, sobrecargados, tengan dificultades para manejar e integrar toda esa información. Las reacciones a esta sobrecarga pueden ser muy distintas según el momento y la persona, y van desde fatiga sensorial —que se expresa en cansancio, somnolencia, distracción, aburrimiento, etc. (el polo déficit de atención del TDAH)— a todo lo contrario —exceso de energía, excitación, nerviosismo... (el polo hiperactividad/impulsividad del TDAH).

Parece urgente explorar nuevas formas de vida y aprendizaje que tengan en cuenta la situación actual de los niños, que respondan mejor a sus necesidades y estén sostenidas por enfoques más naturales y saludables. La sociedad y sus gestores políticos y administrativos deben entender, por ejemplo, que la lógica del desarrollo infantil no es lineal, sino compleja: para conseguir que un niño o una niña adquiera una habilidad determinada (como utilizar un ordenador), no es necesario (e incluso podría ser contraproducente) sentarle frente a una pantalla desde que llega al mundo. También es preciso recuperar los espacios de la ciudad para el encuentro y el movimiento autónomo, favorecer el acceso a zonas verdes y transformar las escuelas y sus métodos de trabajo para satisfacer esta necesidad auténtica y vital de los seres humanos.

Al no existir una causa única, es necesario actuar desde una multiplicidad de factores, para conseguir resultados satisfactorios.

Nacidos para comprar

Además de objetos de consumo en sí mismas, las pantallas son formidables escaparates para la venta de productos. Gracias al número de horas que pasan frente a ellas, los niños se han convertido en los principales prescriptores para las decisiones de compra de las familias, una pieza clave de la espiral trabajo/gasto en que se ha basado la economía capitalista durante los últimos treinta años, según la escritora Juliet Schor:[3] los padres aceptamos trabajar más (y disponer de menos tiempo libre) para poder gastar más; y buena parte de ese gasto (unos 600.000 millones de dólares en Estados Unidos) es sugerido, e incluso decidido, por nuestros hijos. El aumento en los presupuestos destinados a la publicidad infantil prueba que los niños son actualmente el nicho de mercado más codiciado por los anunciantes: en 1983, en ese mismo país, se invirtieron 100 millones de dólares en marketing para la infancia; quince años después, en 2008, el gasto era de 17.000 millones.

3. Schor, Juliet, *Nacidos para comprar. Los nuevos consumidores infantiles*, Barcelona, Paidós Ibérica, 2006.

ADICTOS A LA TECNOLOGÍA

«Cada día se inventan más maquinitas, ¡y los niños nos enamoramos de ellas!», exclama Nacho (9 años) con un destello de luz en sus ojillos pardos, que asoman tras los cristales de sus gafas, durante una encuesta sobre la infancia vista por sus protagonistas. El asunto de la tecnología se repetía en los distintos grupos, casi siempre relacionado con la hostilidad de la ciudad y el problema de la soledad. «Te pones ahí —confirma su amiga Naroa (7 años)—, y no puedes quitarte, eres como las pegatinas».

Según algunas estimaciones, los niños y niñas estadounidenses pasan entre ocho y once horas diarias de media sentados frente al televisor, el ordenador, la consola de videojuegos, la tablet, el móvil o la Wii, incluso bebés de 9 meses ven más de noventa minutos diarios de televisión o videojuegos; a ese ritmo, cuando lleguen a la mayoría de edad, muchos de ellos habrán pasado siete años de su vida delante de una pantalla. Nuestro país es el segundo de Europa en consumo infantil de tecnología, con una media de cinco o seis horas diarias, por detrás del Reino Unido, con casi siete horas: un país donde, con menos de 10 años, tienen acceso en sus casas, sin restricción alguna, a una media de cinco tipos de pantallas distintas. Aunque los pediatras insisten en que no es recomendable, más de la mitad de los niños y niñas de 3 años tienen dispositivos electrónicos en su habitación, y entre los 11 y los 15 años emplean el 55 % de su tiempo en las maquinitas, lo que representa un aumento de más del 40 % en una sola década.[4]

Pese a la crisis, los beneficios de la industria del videojuego, en nuestro país, continúan rondando e incluso han superado el millón de euros anuales. Solo en el año 2010, su consumo aumentó más de la mitad del total.

4. Sigman, Aric, «Visual voodoo: the biological impact of watching TV», *Biologist*, 54, n.º 1, 2007.

Tras un periodo de duras críticas hacia unos contenidos cargados de violencia, competitividad, sexismo, velocidad y consumismo, con un impacto claro en los valores de, por ejemplo, los adolescentes, la oferta de ocio virtual educativo, e incluso terapéutico, aumenta cada día: las ONG promocionan videojuegos solidarios que se utilizan para entrenar a profesionales de diversos campos (bomberos, enfermeras, cooperantes....) para afrontar situaciones de emergencia. Maestros y psicólogos exploran las ventajas de estos videojuegos para el desarrollo de habilidades cognitivas como la atención, la inteligencia espacial, la concentración, la solución de problemas o la creatividad, y destacan su importante papel en el aumento de la motivación de los alumnos. Los especialistas empiezan a valorar su influencia positiva en la educación de los niños,[5] y más de la mitad de los padres tienen una opinión favorable, siendo la opción preferida a la hora de elegir qué juguete comprar.

Efectos de la tecnología sobre el desarrollo cerebral

Sin embargo, prácticamente desde su descubrimiento, toda una línea de investigación se ha dedicado a estudiar los efectos a nivel cerebral de las pantallas electrónicas. La cuestión de los contenidos resulta secundaria y está estrechamente unida a las características materiales y estructurales del medio. Ya en 1969, Herbert Krugman, un norteamericano que trabajaba para General Electric, encontró que al pasar de leer prensa a ver televisión, los sujetos experimentales reducían la actividad cerebral del hemisferio izquierdo, responsable del lenguaje, el razonamiento, el pensamiento y la acción consciente; en cambio, in-

---

5. Vázquez Reina, M., «Videojuegos, un regalo educativo», *Consumer*, 22 de octubre de 2009.

crementaban la del hemisferio derecho (asociado a la intuición, las emociones y los elementos inconscientes) y aumentaba la producción de alfa-endorfinas, las hormonas de la felicidad o morfinas endógenas naturales.

Incapaz de analizar y comprender las imágenes virtuales de la pantalla, la parte racional de nuestra mente se desconecta de la parte emocional e intuitiva, produciéndose un desequilibrio que nos deja en un estado hipnótico de semiconsciencia. Esto se ve potenciado por el hecho de que, en las pantallas electrónicas, la luz va directamente enfocada sobre el consumidor, produciendo una experiencia visual envolvente que lleva a percibir las imágenes, y lo que en ellas sucede, como vivencias internas y subjetivas. Marshall MacLuhan demostró ya en la década de 1950 que, por el contrario, la luz reflejada del cine permite a los espectadores distanciarse más de los acontecimientos y vivirlos como cosas externas y objetivas. Todo esto nos deja sin capacidad crítica y a merced de las influencias del medio; además, nos convertimos en adictos a nuestras propias substancias, cuyo efecto relajante (es frecuente que frente al televisor nos entre sueño) desaparece en el mismo instante en que apagamos el aparato: nos levantamos del sofá tensos y cansados y, cuanto más miramos la pantalla, menos satisfechos quedamos al dejar de hacerlo. Además, el tipo de estimulación artificial y exclusivamente bisensorial (vista/oído) afecta a áreas aisladas del cerebro y no facilita sus procesos de maduración, que generalmente se completan hacia los 12 años. En cambio, cualquier tarea en una situación real produce sensaciones y percepciones concretas y multisensoriales (tacto, gusto, olfato, kinestesia...) que estimulan todas las áreas del cerebro, favoreciendo las conexiones neuronales y dando lugar, con el tiempo, a la creación de circuitos estables. Así se consigue mayor plasticidad cerebral (con la capacidad de establecer relaciones múltiples), lo que le otorga su particular aspecto arbóreo.

Aunque los estímulos visuales y auditivos de las pantallas son de una gran intensidad y rapidez, chillones y estridentes, se trata en realidad de puntos de luz sin base material alguna. Tal vez por ello, investigaciones realizadas por Heron[6] encontraron cuadros de respuesta cerebral semejantes a los que producen las pantallas en sujetos sometidos a largos periodos de privación sensorial, confirmando que sus efectos se asemejan a la experiencia en un ambiente sensorialmente empobrecido.

Para retener nuestra atención y conseguir que nos quedemos «pegados», las pantallas se apoyan en la velocidad, el ritmo trepidante de los cambios, la fuerza y la violencia de las informaciones, imágenes, colores y sonidos... La atracción que producen en los seres humanos se basa en lo que el psicólogo ruso Iván Pávlov llamó «respuesta orientada»: un reflejo o sensibilidad instintiva a los cambios bruscos en las sensaciones visuales, auditivas y de movimiento que tenemos desde el nacimiento. Además, debido a un efecto de hábito, los programas y vídeos deben ir aumentando sus ritmos: una emisión tan inocente como *Barrio Sésamo*, por ejemplo, dobló la velocidad de sus imágenes a lo largo de sus veintiséis años de trayectoria. Todo ello provoca una sobreestimulación artificial y una sobrecarga emocional cuyas consecuencias son imprevisibles y, en ocasiones, incluso desastrosas.

En 1997, en Japón, después de contemplar un episodio de *Pokémon*, unos setecientos niños y adolescentes fueron hospitalizados con convulsiones epilépticas y problemas visuales. Tras el incidente, la productora japonesa introdujo un dispositivo que controla el ritmo de cambio de las imágenes y monitoriza

6. Valbuena de la Fuente, F., «Teorías sobre los efectos de la imagen visual y auditiva», en *Teoría general de la información*, cap. 41, Madrid, Noesis, 1997.

cada episodio. Al parecer, una de cada cuatro mil personas es hipersensible a los cambios rápidos de luz. Pero en la mayoría de los casos, **la intensidad de los estímulos y el ritmo frenético de las imágenes generan un estado de alerta permanente que produce agitación, estrés, ansiedad** (alteran, por ejemplo, la presión sanguínea y el ritmo cardíaco), **fatiga sensorial y dificultades para concentrarse.**

Gary Small, un neurocientífico del Centro de Estudios del Cerebro de la Universidad de California, autor del libro *The Technological Alteration of the Human Mind* (2008), informa de que la exposición de los niños al contenido violento de los medios incrementa la producción cerebral de adrenalina y cortisol, dos neurohormonas que nos ayudan a afrontar situaciones amenazantes, bien sea huyendo o enfrentándonos al peligro. Altos y prolongados niveles de estas hormonas tienen un impacto negativo en los sistemas inmune y cardiovascular, y provocan «fatiga crónica». Las tensiones y el cansancio presionan para salir del cuerpo, y pueden hacerlo bajo la forma de movimientos y conductas «descontroladas», miedo, llanto o irritabilidad, algunos de los cuales se consideran síntomas de la hiperactividad.

¿TDAH o adicción a las pantallas? A causa del bombardeo de luces y sonidos, la capacidad de atención en contextos normales («naturales») se ve resentida. Muchos niños y niñas de hoy se aburren cuando salen al campo y también en la escuela: «Es una cuestión de ritmos, de lo rápido que la escena cambia por minuto», asegura el doctor Dimitri Christakis, un pediatra de la Escuela de Medicina de la Universidad de Washington que estudia la relación entre infancia y medios audiovisuales. «Si el cerebro de un niño se habitúa a este ritmo y al estado de alerta permanente que el juego exige para seguir respondiendo y ganando, después encontrará el mundo real mucho menos divertido y estimulante»... La cuestión de la velocidad se complica aún más si pensamos que, con frecuencia, los jóvenes atienden a dos y tres pantallas al mismo tiempo. Los maestros de hoy se quejan de tener que hacer «juegos de malabares» para conseguir que sus alumnos les atiendan, y observan en ellos serias dificultades para concentrarse. Rosa Valdivia, maestra de quinto de primaria en el CP Príncipe de Asturias (Madrid), con más de treinta años de experiencia, explica:

> Les cuesta muchísimo centrarse en la lectura, por ejemplo, algo que no sucedía antes. Hace quince o veinte años, en los juegos de atención y memoria, como por ejemplo el de situar palabras en distintas partes del aula y reproducir las secuencias, eran capaces de recordar cerca de cuarenta; hoy incluso menos de veinte.

Algunos especialistas opinan que las nuevas tecnologías están condicionando en los niños y niñas un tipo de atención breve, limitada, intensa y siempre cambiante que podría ser la causa de los problemas que tienen en la escuela, donde, por el contrario, se les pide que atiendan a una misma cosa durante periodos prolongados. El psicólogo inglés Aric Sigman asegura: «El aumento del TDAH, y otros problemas de aprendizaje, podría ser una reacción natural a nuestra cultura de la velocidad, una cultura con déficit de atención».

ROSA PARA LAS NIÑAS

Curiosamente, los anuncios, programas y videojuegos para niños varones son mucho más intensos que los destinados a niñas, tanto en los valores que vehiculan sus contenidos —diversión, riesgo, competición, violencia para los chicos; belleza, apariencia, cuidado de otros y del hogar, para las chicas—, como en la intensidad y velocidad de los ritmos, colores y sonidos —el rosa impregna los tonos de la publicidad «femenina»; el rojo los de la «masculina»—. Esto podría explicar que los chicos sean tres veces más propensos que las féminas a ser diagnosticados con TDAH (particularmente con el polo hiperactivo).

Pero los ritmos trepidantes no son el único problema. Para Ana Ayllón, directora de la Escuela Micael, de pedagogía Waldorf, en Las Rozas (Madrid), la causa principal de la desatención es una imaginación empobrecida:

> Apenas escuchan historias o cuentos narrados, y también leen menos. En cambio, continuamente ven imágenes prefabricadas y estandarizadas, las mismas para todos. De modo que su capacidad de producir las propias disminuye y, cuando el profesor habla en clase, no pueden representarse lo que está diciendo. A la larga, tampoco dispondrán de conceptos para desarrollar un pensamiento crítico.

La tecnología ofrece un sustituto de la vida real peligrosamente confortable, tanto a nivel físico como social: «En los videojuegos soy yo quien manda, tengo el poder —asegura Tony, un chico de 12 años—, y las cosas son fáciles de hacer. En la vida real, en cambio, todo es más difícil». «Cuando estoy conectada me siento acompañada, puedo hablar con mucha gente, no estoy sola», cuenta su amiga Sara, de 13.

Hace tiempo que los investigadores relacionan el tiempo de exposición a una pantalla (especialmente en los primeros años de vida) con un aumento en el riesgo de padecer TDAH[7] (un 10 % por cada hora). Esto quiere decir que un niño de 2 o 3 años que pasa tres horas diarias, en total, frente a la televisión, la tablet, el teléfono, la Wii, la consola, etc. (algo que no es muy difícil) tiene un 30 % más de probabilidades de que se le diag-

---

7. Christakis, D.; Zimmerman, F.; Digiuseppe, D.; McCarty, C., «Early television exposure and subsequent attentional problems in children», *Journal of Pediatrics*, vol. 113, n.º4, 1 de abril de 2004.

nostique un TDAH cuando llegue a los 7 u 8 años; además, el ejercicio físico no compensa los daños.

Otros estudios han encontrado que jugar a videojuegos violentos durante tan solo treinta minutos al día disminuye la actividad del lóbulo frontal infantil, la región del cerebro relacionada con la concentración y el control de impulsos.

Diversas investigaciones vinculan el exceso de tecnología con la obesidad, problemas cardiovasculares, dificultades para dormir, miopía, retraso en la adquisición del lenguaje, bajo rendimiento académico, problemas de memoria, agresividad y conductas «disruptivas», dificultades para socializar, autismo y muchos de los llamados Trastornos Generales del Desarrollo (TGD). «La obsesión que tienen los niños con las pantallas —confirma de nuevo Aric Sigman— está causando daños en su desarrollo». Lo mismo opinan otros especialistas como la terapeuta infantil canadiense Cris Rowan, autora de *Virtual child,* quien afirma sin reparos: «Creo que los sistemas sanitario y educativo están diagnosticando a los niños con desórdenes mentales y de conducta, cuando lo que tienen en realidad es adicción a las pantallas».

¿Un nuevo ser humano?

Sea como sea, es cierto que las máquinas están modificando el cerebro humano y aún no sabemos muy bien hacia dónde. Como señala Philip Zimbardo, profesor emérito de Psicología en la Universidad de Stanford, «estamos subestimando el poder de la tecnología para reprogramar el cerebro de los niños».[8]

Las pantallas nos acostumbran a un disfrute hedonista del presente dirigido por la búsqueda de una satisfacción rápida, inmediata, precisamente una de las características del polo impulsivi-

8. Zimbardo, Philip, *La paradoja del tiempo*, Barcelona, Paidós, 2009.

dad del TDAH. Esperar es una pérdida de tiempo en nuestra cultura, y no se aprende de las consecuencias negativas de nuestros actos, sino que vuelven a repetirse. La tecnología desarrolla un aspecto digital del cerebro, más rápido, presente e instantáneo. La escuela, en cambio, que pone en juego relaciones humanas, comunicación y toma de decisiones en grupo, es bastante más analógica.

Muchos estudiantes son incapaces de sentarse y atender en clase, pero pueden pasar ocho horas diarias jugando a videojuegos; y la mayoría de los diagnosticados con el TDAH presentan también adicción a las pantallas. Por este motivo, algunas personas aún se preguntan si la fascinación de los niños por las nuevas tecnologías es la causa o el efecto de la hiperactividad/déficit de atención. ¿Qué es primero, el huevo o la gallina?

En general, los cerebros infantiles afectados de TDAH parecen producir menos dopamina, el neurotransmisor que nos ayuda a sentirnos vivos, motivados y alegres, favorece la concentración y la capacidad de discernimiento. Algunos expertos interpretan esta carencia como «deficiencia crónica» de origen fisiológico e incluso genético (una especie de «defecto de fabricación»), mientras otros, entre los que destaca Jaak Panksepp, la ven simplemente como la consecuencia de una maduración cerebral más lenta que la media. De esta forma, se podría pensar que los niños y niñas cuyos cerebros tienen menos dopamina se sienten más atraídos, por ejemplo, por los videojuegos, cuyas recompensas inmediatas provocan la liberación de cantidades crecientes de esta neurohormona,[9] hecho al que se atribuye precisamente la adicción.

De hecho, se ha comprobado que los niños tratados con metilfenidato, la sustancia que contienen los medicamentos para el TDAH, juegan menos a videojuegos. Sin embargo, siguiendo a Panksepp, también podríamos pensar que lo contrario es cier-

9. <http://www.20minutos.es/noticia/139634/0/videojuegos/tecnologia/alcohol/>.

to: cuanto más sedentarios y menos juegos de movimiento realizan los niños, menos dopamina crean sus organismos y más dependencia tienen del lugar donde pueden encontrarla. A más producción artificial, menos necesidad (y quizás incluso menos capacidad) de producirla de forma natural.

OCIO VIRTUAL Y DEGRADACIÓN DEL BIENESTAR INFANTIL

El aumento en el consumo de ocio virtual va parejo, en los países desarrollados, a la degradación del bienestar global de la infancia que estamos analizando: soledad, pérdida de espacios de encuentro, de juego y movimiento autónomo, escasez de oportunidades de interacción concreta y afectiva con los elementos, el mundo natural y otros seres vivos, presión académica, exceso de actividad dirigida, sedentarismo, miedo e hiperprotección. Durante una conferencia que impartí sobre el tema, uno de los asistentes afirmaba que las tecnologías no son responsables de, por ejemplo, el problema de soledad que sufren los niños de hoy: simplemente vienen a llenar un hueco. Mi respuesta fue que en efecto, cuando una pantalla hace oficio de canguro, está tapando un vacío de «parentalidad», es decir, de presencia materna y paterna y, también, la falta de un espacio social infantil. Pero, al mismo tiempo, al instalarse en los hábitos personales y familiares, con su gran componente adictivo, tiende a acrecentar la distancia entre las personas; de nuevo, podemos aplicar el principio de retroalimentación: cuanto menos nos relacionamos, más difícil nos resulta hacerlo. Cuanto más nos acostumbramos a vivir con nuestro cerebro disociado, sin armonía ni equilibrio entre los dos hemisferios, a producir artificialmente sustancias placenteras, a atender a estímulos que cambian a gran velocidad, a recibir continuamente recompensas por nuestras acciones..., a tener nuestra atención disgregada..., menos capaces somos de estar plenamente presentes, con todos nuestros sentidos y emocionalmente abiertos, en una situación de interacción social sencilla y natural.

Las pantallas están modificando el paisaje infantil, alterando el mundo de la infancia: han cambiado el sentido de la palabra «jugar», que ya no consiste en moverse, crear y transformar objetos, sino más bien en entretenerse sentados contemplando una ventana electrónica; han conseguido lo que tal vez ningún método de crianza y educación lograra plenamente a lo largo de la historia de la humanidad: que niños y niñas sanos se estén quietos y atiendan. La pregunta entonces es: pero ¿a qué precio?

PRESIONADOS Y ESTRESADOS

Victoria es maestra de educación especial en una escuela de Barcelona. Tiene a su cargo un aula de primaria con dieciséis alumnos diagnosticados con diversos síndromes: trastornos del lenguaje, del comportamiento, TDAH... Utiliza, con buenos resultados, una metodología de trabajo por rincones y técnicas de kinesiología para desarrollar las conexiones cerebrales, mediante el movimiento consciente. Según esta educadora, el principal problema de los niños de hoy es el estrés: «soportan muchísima presión. No se les respetan sus ritmos de desarrollo ni se satisfacen sus necesidades naturales».

«De mayor seré mendigo»

Desde la primera crisis del petróleo, en la década de 1970, el panorama social, laboral y económico ha cambiado radicalmente. Ha desaparecido, parece que definitivamente, la situación de pleno empleo que conocieron nuestros padres y abuelos, después de las guerras.

Ya no podemos esperar quedarnos toda la vida en la misma empresa y menos aún en el mismo puesto de trabajo, si es que tenemos la suerte de encontrar uno. Nuestra situación laboral se ha vuelto más precaria, pero también más desafiante y quizás, incluso, con nuevas posibilidades. Aunque la sombra de la crisis, permanente sobre nuestras cabezas, hace cada día más difícil el disfrute de las oportunidades que puede traer la nueva situación. Estudios realizados en Estados Unidos demuestran que el principal miedo de los padres de niños menores de 3 años es ¡que no encuentren un trabajo el día de mañana! Los propios chavales expresan ese temor cuando se les pregunta por qué van a la escuela: «Si no estudias, y haces los deberes, cuando seas mayor no tendrás trabajo y te convertirás en un mendigo, dormirás en las calles», asegura Lucas, de 9 años.

El halo oscuro que rodea nuestro futuro y, especialmente, el de nuestros hijos, les coloca en una situación contradictoria, atrapados en la paradoja de tener que asumir dos procesos contrarios y simultáneos: la adultización y la infantilización. El primero les empuja a «hacerse mayores» rápidamente, siguiendo la creencia generalizada de que «como somos de pequeños, así seremos de grandes». Cuanto más productivos sean de niños, mejores notas y más títulos obtengan, mayores probabilidades de que, el día de mañana, sean «hombres y mujeres de provecho», y consigan «hacerse un lugar en la sociedad». Esta asunción clásica, pero determinista y ciertamente errónea, sitúa en la infancia el origen de todos los comportamientos adultos: lo que hagamos en esta decisiva etapa, en la que se forma definitivamente el carácter de las personas, seguiremos haciéndolo durante toda la vida...

Sin embargo, aunque las vivencias infantiles son ciertamente fundamentales, su relación con la edad adulta es mucho menos lineal y más compleja: todos los estudios demuestran que **vivir la niñez con plenitud es el mejor camino para convertirse en un adulto sano y responsable.** Esto significa disfrutar de suficiente libertad para experimentar y equivocarte, para moverte, mancharte y jugar sin tregua, para sufrir pequeños accidentes y aprender a protegerte, incluso para ser «inmoral», mentir o hacer pequeños hurtos...

Trazar una línea recta entre la infancia y la edad adulta supone el desconocimiento de los complejos y singulares procesos del desarrollo infantil, tal y como han sido descritos por psicólogos evolutivos y grandes pedagogos, desmintiendo la realidad de que «todo niño, como sujeto en crecimiento, está sujeto a cambios».[10] En virtud del segundo proceso, el de infantilización, se les presenta un porvenir negro, cargado de amenazas, responsabilidades y obstáculos; se les rodea de miedos, sobreprotección y desconfianza hacia sus capacidades; se les impide desarrollarse como seres autónomos, asumir responsabilidades y tomar las riendas de su vida. Crecer parece un problema, en vez de una fabulosa oportunidad: produce inquietud, e incluso angustia, y muchos preferirían seguir siendo niños, volver a ser bebés... En nuestros días resulta cada vez más difícil madurar, hacerse adulto, y no solo para los niños. No en vano, un estudio reciente de la Universidad Rovira i Virgili de Tarragona empieza a encontrar cambios significativos en el nivel de madurez de los jóvenes españoles ¡a los 27 años!

LOS PADRES «MÁNAGER»

La presión y las elevadas expectativas se hacen notar en casa y en la escuela. La dependencia física y psicológica de niñas y niños respecto a sus padres, maestros y cuidadores se traduce en una necesidad de aprobación y afecto que, la mayor parte de las veces, les impide ser ellos mismos, realizarse como personas autónomas.

Subordinados a los adultos física, económica, y sobre todo afectivamente, la mayoría de los niños haría cualquier cosa para conseguir atención y afecto. Muchos de nosotros aún podemos sentir la forma en que las expectativas de nuestros padres y profesores, más o menos interiorizadas,

10. Janin, Beatriz, *El sufrimiento psíquico en los niños*, Buenos Aires, Noveduc, 2011, pág. 70.

nos alejaron en muchas ocasiones de nuestras necesidades, carácter y deseos más profundos.

En Estados Unidos, el estilo de crianza y educación excesivamente intrusiva, controladora y exigente (que algunos psicólogos consideran incluso «abusiva») tiene un nombre: son los padres y madres «mánagers» que, como ironiza Carl Honoré, «cuando sus hijos e hijas abandonan el nido familiar, se dedican a entrenar perros y otros animales de competición». Su objetivo, más justificado si cabe en los tiempos que corren, es «producir» (para emplear un término procedente de la industria) a los mejores. Algo parecido sucede en la escuela, donde las maestras se enfrentan a grupos de diversidad creciente en sus características sociales, culturales, familiares e individuales y, sin embargo, deben conseguir resultados similares con métodos casi idénticos. Los valores y prácticas del mercado y la economía capitalista han impregnado incluso las relaciones humanas y las prácticas de educación y crianza.

Un camión de deberes

Uno de los principales factores de presión y estrés académico son los deberes. En los últimos cursos de primaria, los niños aseguran dedicarles unas dos horas al día durante la semana (tras una extensa jornada escolar de unas ocho horas), y entre tres y siete horas los fines de semana: «Mi hermano mayor no tenía tantos, se queja Laura, 9 años; un día vamos a llegar a casa con un camión». A veces, la sobrecarga de actividad es tal que no pueden tan siquiera ejercer su derecho a ser niñas y niños: «Algunos días apenas tengo tiempo para descansar un rato o simplemente jugar» lamenta Marta (10 años). La hora de las tareas escolares se convierte a menudo para los progenitores en una batalla campal con niños y niñas desmotivados, que prefieren dejarlos siempre «para después»; y muchos padres confiesan que son ellos quienes acaban haciéndolos... Según un estudio publicado por la Plataforma de Organizaciones de Infancia,[11] más del 80 % de los padres y madres dan prioridad a los deberes a la hora de planificar el tiempo libre de sus hijos e hijas, mientras el juego y la actividad espontánea se consideran importantes solo en el 9 % de los casos. Pese al acuerdo tácito entre progenitores y maestros sobre su importancia, lo cierto es que la eficacia de los deberes para afianzar y potenciar el aprendizaje (o incluso mejorar los resultados académicos) no está probada;[12] en cambio, existen investigaciones que los relacionan con el estrés, una baja autoestima y el fracaso escolar. Tal vez por eso, en varias épocas y lugares se ha podido prescindir de ellos sin perjuicio alguno para los estudiantes.

Pero muchas familias y profesores los encuentran tranquilizadores: les ayudan a reducir la ansiedad y les dan «buena conciencia». Se han convertido en una marca de estatus y ofrecen una imagen de «productividad», un valor tan esencial en nuestra cultura. Sus defensores aseguran que permiten adquirir hábitos de estudio y trabajo personal, además de promover la participación e implicación de las familias.

En todo el mundo, son muchos los padres que han expresado su rechazo a los deberes, ya que los consideran una apropiación por la escuela del escaso tiempo de ocio familiar, que, en general, no supera las tres horas diarias. También los acusan de fomentar las desigualdades, al no disponer todos los progenitores de idénticos recursos materiales, tiempo y/o conocimientos para ayudar a los escolares.

La pasada primavera, la Federación Francesa de Padres de Alumnos y el Instituto de Cooperación de la Escuela Moderna hicieron un llamamiento a una «huelga de deberes» de quince días, en un país donde no se respeta la circular que, desde 1956, prohíbe las tareas escolares en la escuela primaria.

11. Casas, F., *Tres miradas a los derechos de la Infancia*, Madrid, POI, 2005, pág. 62.
12. Kohn, Alfie, *El mito de los deberes*, Madrid, Kaleida, 2013.

Un reñido «campeonato» internacional

La obsesión por los resultados académicos se expresa, por otro lado, en un exceso de pruebas y exámenes, que se han multiplicado en los últimos tiempos, en la mayoría de los países. Ya no se trata, como señala Carl Honoré, de lo que es bueno para los niños y niñas, sino de lo que quieren los padres y lo que necesitan los responsables políticos y administrativos para sus estadísticas y comparaciones.

ESTE CURSO... 300 EXÁMENES

El programa internacional de evaluación de estudiantes PISA es una de las pruebas globales con más prestigio en la actualidad. Promovido por la Organización para la Cooperación Económica y el Desarrollo (OCDE), evalúa las competencias en lectura, matemáticas y ciencias de los alumnos de cuarto de ESO (15 años). Se realiza cada tres años y en él participan casi 300.000 jóvenes de 65 países. Además, las diferentes administraciones educativas imponen evaluaciones externas para valorar el nivel académico de los centros docentes, en sus respectivos territorios. En la Comunidad de Madrid, por ejemplo, se realizan anualmente las siguientes pruebas: CDI (Conocimientos y Destrezas Indispensables) en sexto de primaria (11 años) y tercero de ESO (14 años); Evaluación General Diagnóstica, en cuarto de primaria (9 años) y segundo de ESO (13 años)... LEA (Lectura, Escritura y Aritmética) en segundo de primaria (7 años)... La tendencia es a administrar pruebas a edades cada vez más tempranas: Madrid acaba de implantar una evaluación externa de la lectura, el cálculo y la escritura a los 5 años (segundo ciclo de infantil), y muchas escuelas privadas exigen exámenes de acceso desde los 3 años.

Normalmente, los alumnos deben superar, además, una evaluación trimestral por cada asignatura (entre ocho y diez en primaria y secundaria), lo que supone un total de unos 32 exámenes al año, a los que hay que añadir los de recuperación y los controles que los profesores suelen hacer con frecuencia semanal o quincenal.

Haciendo cálculos aproximados, un alumno o alumna de primaria y/o secundaria (y seguramente, muy pronto, también de infantil...) puede llegar a realizar una media de entre 200 y 300 exámenes a lo largo de un curso escolar.

La educación en cifras (en las cifras de los exámenes) se ha convertido en un indicador de competitividad entre Estados, regiones y ciudades. «Leer o escuchar los resultados de un informe de evaluación educativa —comenta Lucía Martín, maestra de primaria— me hace pensar en la liga de fútbol». Lo que las estadísticas no cuentan es el estrés y el sufrimiento de los niños y adolescentes, ni el elevado porcentaje de los que, incapaces de soportar la presión, deciden suicidarse, especialmente en algunos de los países que obtienen mejores resultados. Corea, por ejemplo, es uno de los primeros en las listas de PISA, pero también en los estudios sobre infelicidad infantil.

La manía de los test y las puntuaciones está asfixiando a alumnos y profesores. Recientemente, el equipo docente del Instituto Público Garfield, de Seattle (Estados Unidos), decidió mayoritariamente dejar de administrar a sus alumnos las pruebas de medida del progreso académico que les impone el gobierno del distrito. Argumentan que no es bueno para los estudiantes (quienes deben realizar, desde el jardín de infancia, una media de tres pruebas diagnósticas anuales), resulta inútil para valorar los progresos reales en el aprendizaje, consume horas lectivas (que podrían dedicarse a actividades más interesantes y creativas, como trabajos por proyectos, grupos de discusión...) y dinero. En nuestro país, algunas escuelas públicas como el colegio Trabenco de Leganés o el Alonso Cano de Móstoles, ambos en la Comunidad de Madrid, también se niegan a examinar a sus alumnos con las pruebas impuestas por la administración educativa y proponen enfoques de evaluación más abiertos, continuos y enriquecedores para todos.

Sin duda los exámenes son una de las principales causas de estrés y otros problemas psicológicos en la infancia, y no ofrecen condiciones adecuadas para que las personas den lo mejor de sí: «No me gustan los exámenes —afirma Marina (9 años)—. Me ponen muy nerviosa. A veces hasta me duele la cabeza».

En lugar de medir las habilidades reales de los chavales, los exámenes evalúan más bien su capacidad para enfrentarse a situaciones de tensión, una variable que depende de la calidad y calidez de su entorno familiar y afectivo, de sus características biopsicosociales, más que del aprendizaje.

El movimiento de Estudiantes contra los Exámenes (Students agains Test)[13] presenta en su página web diez razones para estar en contra de estas pruebas. Entre las más destacadas figuran:

- Son un negocio para las editoriales.
- No resuelven los problemas educativos.
- Penalizan a los alumnos «diferentes» (de clase baja, de otras culturas y grupos étnicos, con distintos estilos de aprendizaje). Se les concede una importancia exclusiva y desmesurada, llegando a «sentenciar» la trayectoria vital de una persona.
- Producen estrés y depresión.
- Convierten a las escuelas en fábricas de resultados y diplomas, donde los estudiantes tan solo son un número.

13. <http://www.nomoretests.com>.

Perder la alegría de aprender

Así comienza el anteproyecto de la ley que prepara el Ministerio de Educación dirigido por el ministro Wert:

> La educación es el motor que promueve la competitividad de la economía y las cotas de prosperidad de un país; su nivel educativo determina su capacidad de competir con éxito en la arena internacional y de afrontar los desafíos que se planteen en el futuro.

El exceso de exámenes y deberes tiene sentido en el marco de un planteamiento mercantilista, que entiende la educación como negocio de preparación para el ejercicio productivo y competitivo de un futuro (y cada día más hipotético) puesto de trabajo, en lugar de como factor de realización y emancipación del ser humano, en una etapa fundamental de su vida.

Frente a esta claridad meridiana, la cuestión que puede suscitarse es: «Pero ¿a qué precio?», «¿Con qué coste para la salud, el bienestar y la felicidad de niños y niñas?».

¿Podrían ser los síntomas del TDAH (y de otros muchos trastornos infantiles) una especie de reacción fóbica a esta escuela superexigente y superestresante? En cualquier caso, muchos estudiantes están perdiendo la alegría de aprender, dejando a un lado su capacidad de pensamiento crítico y de creatividad, en pos de una producción desenfrenada, inmersos en una carrera a ninguna parte.[14] Sin embargo, su tendencia actual no es precisamente a desaparecer...

El estado de «maquinización» de nuestra sociedad es tan grande que educamos a seres humanos en crecimiento como si fueran productos cuya fabricación requiere innumerables prue-

---

14. Véase el documental: *Race to nowhere*, de Vicki Abeles y Jessica Congdon.

bas de control, conformidad y mejora. Esperamos que «rindan» y «produzcan» como si de asalariados o profesionales se tratara; y si no se comportan como se espera de ellos, si no responden positivamente a nuestras expectativas, en lugar de cuestionarnos o cuestionar el sistema, pensamos inmediatamente que tienen algún problema.

«Están como en una maceta —lamenta Aurora, de los Servicios de Orientación de la Comunidad de Madrid—, tiramos y tiramos de ellos..., un día se van a romper». Funcionar correctamente, producir, adaptarse... es lo único que importa. El miedo al castigo y, especialmente, el temor a la exclusión social, está en el ambiente, ha entrado incluso en las mentes de los más pequeños.

En su famoso vídeo *Cambiando paradigmas*,[15] Ken Robinson expresa perfectamente el vínculo entre hiperactividad y presión social por la productividad escolar infantil, mostrando la relación positiva entre el aumento de los exámenes estandarizados en las escuelas y el del número de casos de TDAH. También dibuja un mapa de la hiperactividad que se incrementa cuando viajamos hacia el este, hacia los estados económicamente más ricos y dinámicos de Estados Unidos, y disminuye en la dirección de los menos «desarrollados». Seguramente un mapa similar podría esbozarse a nivel mundial.

«La urgencia es que funcionen bien, que sean consumidores y se preparen para ser productores. Nadie se preocupa de que sean felices», lamenta, de nuevo, Beatriz Janin.

---

15. <http://www.youtube.com/watch?v=IYRy2N2qmnY>.

ENTORNO Y TRASTORNO

LA IMPORTANCIA DEL TACTO Y EL CONTACTO

En el proceso de crecimiento del ser humano, las primeras etapas vienen marcadas por el desarrollo del cuerpo y sus capacidades físicas, afectivas, sensoriales y motoras. La piel es el órgano de mayor tamaño y se genera a partir de las mismas células que el cerebro, de ahí sus notables conexiones. A través del tacto y el contacto, nuestros sistemas corporales se perfeccionan y maduran: la vida no es un fenómeno aislado sino más bien un hecho simbiótico.

En una investigación ya clásica,[1] el doctor Ashley Montagu observó que la mortalidad infantil de un orfanato se reducía significativamente por la simple intervención del contacto humano «piel a piel»; los pequeños que se beneficiaban de él, se mostraban más tranquilos y relajados, mientras quienes no lo recibían parecían tensos, ansiosos y agitados.

1. Montagu, Ashley, *Tacto. La importancia de la piel en las relaciones humanas*, Barcelona, Paidós, 2004.

UNA NECESIDAD INNATA

Debido al estrechamiento evolutivo de la pelvis femenina provocado por la bipedestación, los bebés humanos nacen «prematuros» e inmaduros, y necesitan completar su gestación durante un largo período fuera del útero. Los investigadores han encontrado, por ejemplo, que las contracciones uterinas durante el parto constituyen un equivalente del «lameteo» que las madres mamíferas dan a sus crías, cuya finalidad, además de higiénica, es asegurar el correcto funcionamiento de todos sus órganos. Es decir, la necesidad de tacto en los seres humanos es tan básica como el alimento: privados de él, los bebés pueden, incluso, llegar a morir.

Acariciar, abrazar, sostener y jugar cuerpo a cuerpo con los niños y niñas (siempre que lo acepten y lo pidan) mejora además sus capacidades sensoriales, motoras y de aprendizaje. En sus trabajos sobre integración sensorial, la doctora Jean Ayres[2] encontró que recibir suficiente y adecuada estimulación táctil, especialmente en la primera infancia, es fundamental para adquirir la habilidad de planificar e iniciar actividades motoras, lo que influye en numerosas capacidades —desde vestirse sola, hacer deporte, dibujar e incluso caminar por una habitación sin tropezar con las cosas ni caerse—. Un incorrecto funcionamiento del sistema táctil, por carencia de estimulación, provoca niveles de ansiedad y agitación que limitan la atención y la capacidad de aprendizaje, y se ha relacionado con una gran variedad de desórdenes, incluidos el TDAH y el autismo. Existen cientos de estudios que muestran los efectos positivos de llevar en brazos y tocar a las criaturas, por lo que resulta sorprendente que nuestra cultura se dirija rápidamente hacia una, cada vez ma-

2. Rowan, Cris, *Virtual Child: The terrifying truth about what technology is doing to children*, Canadá, SCOT, pág. 116.

yor, privación de tacto y de contacto. Y basta con ver el hermoso documental *Bebés*, realizado por Thomas Balmès, para darse cuenta de en qué tipo de entornos crecen y se desarrollan mejor los «cachorros» humanos.

MOVERSE PARA DESARROLLARSE

El movimiento es también una necesidad de naturaleza fisiológica, tan decisiva para la existencia como recibir afecto, alimentarse o respirar. Resulta fundamental a lo largo de toda la vida, pero especialmente durante los primeros 6 o 7 años. De hecho, el movimiento continúa siendo la base del pensamiento operativo, apoyando la curiosidad, la voluntad de conocer, de crear y de experimentar, hasta que hacia los 12 años el lenguaje verbal y el pensamiento abstracto adquieren mayor relevancia.

Desde un punto de vista neurofisiológico, a través del movimiento se desarrollan, maduran y se articulan el sistema vestibular (un órgano sensorial situado en el oído interno, responsable del sentido del equilibrio, la orientación espacial y el nivel de activación energética), el sentido del tacto (que, como hemos visto, determina y condiciona la capacidad de dar un propósito concreto al movimiento) y la propiocepción (percepción interna del propio cuerpo que proporciona un tono muscular óptimo y permite regular la finura y coordinación de los movimientos). Al integrarse estos tres canales sensoriales, se perfeccionan la vista y el oído, esenciales para el aprendizaje, especialmente en el contexto académico.

Una función vestibular pobremente desarrollada e integrada puede producir movimientos continuos y descontrolados o, por el contrario, miedo a moverse; también conduce a estados hiper o hipoenergéticos: sin movimiento resulta imposible regular la energía corporal.

A través de acciones instintivas, que son innatas, la naturaleza ha dispuesto todo lo necesario para que las criaturas humanas obtengan, espontáneamente y si nadie se lo impide, la activación que necesitan: los desplazamientos del bebé gateando y llevándose todo a la boca, por ejemplo, favorecen la estimulación de los tres canales (vestibular, táctil y propioceptivo) y un desarrollo psicomotor y sensorial adecuado.

Aunque la necesidad de moverse puede hacerse sentir de maneras distintas en personas diferentes, y prolongarse durante períodos de tiempo variables, para la mayoría resulta imposible aprender sin movimiento. Gracias a él, niños y niñas toman contacto y se desenvuelven en el mundo, despliegan una forma particular de ser y estar, de expresarse, al tiempo que acrecientan y afinan todas sus potencialidades. Movimiento, sensaciones y afectos están fuertemente interrelacionados: son la base de un sistema cuerpo-mente saludable y de una sensación de bienestar global.

APRENDER A ANDAR: EL CAMINO HACIA LA IDENTIDAD

Además de su dimensión motora, el acto de empezar a andar tiene, por ejemplo, un aspecto psíquico y afectivo, como resultado de un impulso de separación e individuación y de un deseo de descubrimiento y apropiación del entorno. A los pequeños les gusta girar, reptar, gatear, subirse, bajarse, correr, saltar, empujar, pedalear, escalar, balancearse, tocar... Cuando, desde los primeros meses, sus movimientos son respetados, en lugar de interferidos,[3] y disponen de un entorno seguro, rico en posibilidades, el desarrollo de la motricidad será un proceso natural armonioso cuyo resultado es una capacidad motora más fina y potente (estabilidad, coor-

3. Pickler, Amy, *Moverse en libertad. Desarrollo de la psicomotricidad global*, Madrid, Narcea, 1985.

dinación y seguridad...) y una sensación de eficacia, base fundamental de
la autonomía.

«Moverse para un niño es vivir, actuar es existir. Impedirle que se
mueva, sería la represión total de su evolución», señala Bernard
Aucouturier, creador de la práctica psicomotriz. Al reflexionar
sobre esta necesidad fundamental y comprender que «el cuerpo y
el movimiento son para el niño lo que el lenguaje es para el adulto», cuesta entender que las criaturas de hoy pasen tanto tiempo
sentadas en casa, en el cole o en los trayectos entre ambos; que no
disfruten de libertad para moverse durante horas, siempre con un
adulto cerca diciéndoles lo que tienen o no tienen que hacer, pre-
tendiendo dirigir hasta sus más mínimos actos y obligados muchas veces a realizar tareas repetitivas y aburridas.

Una forma natural de equilibrar las energías

El ejercicio físico, el movimiento, el juego y el contacto con la
naturaleza constituyen los principales (y podríamos decir que exclusivos) medios de que disponemos los seres humanos para gestionar la excitación, transformarla positivamente y alcanzar el
equilibrio energético. Cuando la forma de vida y las exigencias
escolares cierran y/o restringen esta vía natural e instintiva, ¿qué
alternativas dejamos a los niños y niñas para regularse, soltar su
malestar, canalizar el estrés, la presión académica, la sobreexcitación tecnológica de sus sistemas nerviosos y otras tensiones emocionales? No es de extrañar, incluso para un profano, que muchas veces estas tensiones salgan de los cuerpos de manera
descontrolada, en forma de sacudidas y gestos nerviosos e impulsivos. O que les impidan relajarse, estar lo suficientemente alerta
para concentrarse y hacer correctamente las tareas.

Recientes estudios realizados por el psiquiatra infantil John Ratey,[4] arrojan luz sobre el importante papel que tiene el movimiento en las capacidades de atención y aprendizaje infantiles. Según este autor, el ejercicio incrementa la circulación del córtex y los lóbulos frontales del cerebro, cuyas funciones ejecutivas y de control de impulsos son bien conocidas, al tiempo que favorece la formación de nuevas neuronas en las regiones del hipocampo y del sistema límbico, esenciales para el aprendizaje y la memoria. **Solo cuarenta y cinco minutos de actividad física al día pueden aumentar la producción de neurotransmisores como la dopamina, la acetilcolina y la serotonina, sustancias que reducen considerablemente la impulsividad, la ansiedad y la depresión.**

Estos resultados coinciden con los del neurocientífico Jaak Panksepp, quien solo un año antes[5] afirmaba que el espectacular aumento en el número de casos de TDAH puede deberse a la falta de juego y movimiento libre, así como de peleas cuerpo a cuerpo (como las que suelen desplegar los cachorros de otras especies). La actividad espontánea estimula la producción de dopamina en el cerebro, la neurohormona responsable de la capacidad de seleccionar entre distintas posibilidades de percepción y centrarse en una sola cosa cada vez. Parece que el cerebro infantil necesita un tiempo, variable de unos individuos a otros, para empezar a producir dopamina por sí solo.

En muchas escuelas, los alumnos llegan por la mañana con toda esta carga tensional y las maestras encuentran muchísimas dificultades para conseguir que se sienten y se estén quietos. Si todo

4. Ratey, John, *Spark. The Revolutionary New Science of Exercise and the Brain*, Little Brown, 2008.

5. Panksepp, Jak, «Can Play disminish ADHD and facilitate the construction of the social Brain?», *Journal of Canadian Academy of Child and Adolescent Psychiatry*, 16 (2), 2007, págs. 57-66.

ese esfuerzo inútil se empleara en permitirles liberar y gestionar su inquietud (mejor a través de actividades libremente iniciadas y dirigidas por los niños), seguramente las clases convencionales serían después mucho más agradables y productivas.

En mis años de experiencia en escuelas al aire libre, he podido comprobar que, tras un periodo de juego y ejercicio intenso, los niños pueden sentarse sin esfuerzo a realizar tareas que requieren silencio, quietud, atención y concentración, e incluso lo demandan de forma natural.

Otra de las áreas posibles de actuación para aumentar las oportunidades de movimiento infantil es la creación de caminos escolares, a pie o en bici, que permiten reducir considerablemente el sedentarismo. Durante la Semana de la Ciencia danesa, el pasado año, investigadores de las universidades de Aarhus y Copenhague realizaron un estudio para analizar las relaciones entre dieta, ejercicio y capacidad de concentración[6] con una muestra de 20.000 alumnos de edades comprendidas entre los 5 y los 19 años. Los resultados muestran que quienes van caminando, o en bici, al colegio se concentran mejor que los que van en autobús o en coche con sus padres; y los beneficios del ejercicio se prolongan durante toda la mañana...

APRENDER BAILANDO

Aunque todos los niños necesitan moverse, la obligación de estarse quietos y aprender sentados perjudica especialmente a los que tienen determinados estilos de aprendizaje. En su conocida intervención sobre educación y creatividad,[7] hace ya más de seis años, Ken Robinson comenta las dificul-

---

6. <http://sciencenordic.com/children-who-walk-school-concentrate-better>.

7. <http://www.youtube.com/watch?v=iG9CE55wbtY>.

tades escolares de la famosa bailarina Gillian Lynne y la inquietud que producían en sus padres y maestros. Afortunadamente, cuando estaba a punto de ser etiquetada como un «fracaso», el doctor que consultó su madre pudo observarla y comprobar que no estaba enferma: la pequeña Gillian era, ya en todo su potencial, una excelente bailarina. Por eso, se sintió muy feliz cuando inició sus estudios en una escuela de danza; la sala estaba repleta de personas como ella, niñas y niños que necesitan moverse para pensar...

En su caso nos encontramos ante un tipo de pensamiento que el psicólogo norteamericano Howard Gardner, en su célebre teoría de las inteligencias múltiples,[8] denomina «inteligencia corporal kinestésica»: la predisposición a realizar con gracia y equilibrio actividades físicas coordinadas como el deporte, la danza o las manualidades.

Son niños y niñas que aprenden mejor a través del tacto y el movimiento, la experiencia directa y concreta y la participación, que mediante la observación pasiva. Se destacan por sus destrezas motrices y sus habilidades físicas y rítmicas, pero su preferencia por un enfoque multisensorial del aprendizaje encuentra escaso eco en la escuela tradicional y les coloca en situación de desventaja...

La hiperprotección del niño

El movimiento, como el tacto y las lágrimas, está socialmente sancionado y en algunos lugares hasta proscrito. Y la pregunta es ¿por qué?

Una de las respuestas posibles es el miedo adulto y la necesidad de control que genera, especialmente en los tiempos ac-

---

8. Según este autor, la inteligencia humana no es unitaria y uniforme, sino compleja y diversa: cada persona posee uno o varios talentos «brutos» que el entorno puede (o no) ayudarle a desarrollar. Gardner, Howard, *Inteligencias múltiples. La teoría en la práctica*, Barcelona, Paidós, 1998.

tuales. El exceso de seguridad que rodea el mundo infantil ha llevado recientemente a Ellen Sandseter, profesora de Psicología de la Universidad Queen Maud en Noruega, a reclamar la necesidad de que los niños corran riesgos y superen miedos en unas áreas de juego y parques infantiles cada día más aburridos; en unas clases y hogares de los que se han eliminado todos los peligros creyendo que era lo mejor para ellos.

Según sus investigaciones, cuando son respetados, los niños tienden a acercarse progresivamente al riesgo y al peligro. Si se les permite, por ejemplo, subirse a un árbol sin ayuda, la gran mayoría no llegará a su parte más alta en el primer intento.

Cuanto más pronto se acostumbran a enfrentarse a los desafíos de la vida, mejor aprenden, con el tiempo, a manejarlos a través del juego. Para Ellen Sandseter, el peligro de que sufran algunas heridas físicas (y no existe evidencia de un mayor número de accidentes cuando se les deja libres) es más leve que la atrofia en su desarrollo emocional, que puede dejarles ansiedades y miedos peores, a la larga, que un hueso roto. En sus estudios, la psicóloga noruega identifica seis tipos distintos de juegos de riesgo: escalar alturas, ir a gran velocidad, utilizar herramientas punzantes o cortantes, estar cerca de elementos peligrosos (como agua o fuego), peleas y juegos bruscos «cuerpo a cuerpo», y deambular solo, sin supervisión adulta.

La profesora Sandseter asegura: «Paradójicamente, el miedo a que nuestros niños tengan pequeños accidentes puede generarles angustias e incrementar los niveles de psicopatología».

Los protocolos de la Asociación Americana de Psicología (APA) describen a los afectados por el TDAH como «más activos e impulsivos *de lo normal* para su edad».

Pero ¿qué significa exactamente «más de lo normal»? Y ¿cómo, quién y para qué se define esa norma?

LA VIDA NO ES «NORMAL»

En sus lúcidos análisis de la sociedad moderna, Michel Foucault asegura que el concepto de norma es relativamente reciente en nuestra cultura: aparece en el siglo XVII, con una nueva forma de ejercer el poder, basada en el control, la vigilancia y la disciplina. Antes de esa fecha, las leyes regulaban los comportamientos prohibidos, dejando un amplio margen de libertad para todo aquello que estaba permitido. La idea de norma, por el contrario, define a la vez un estado habitual (o medio) y un estado ideal, combinando (y confundiendo) hecho y valor o aspiración. De esta forma, se introduce en el espacio de lo permitido, con el objeto de reducir (y en última instancia de acabar con) las diferencias.

La normalidad apunta a la vida misma como sospechosa de irregularidad porque, en su propia naturaleza, contiene siempre el germen de una desviación: es, por definición, biodiversa.

La emergencia de la norma (y de su correlato, la «anormalidad») podría explicar, entre otras cosas, el espectacular aumento en el número de patologías infantiles, especialmente en los últimos años.

Pese a su evidencia, lo «normal» no es más que una idea relativa; depende de coordenadas históricas, sociales y culturales: lo que parece un trastorno en una época, resulta natural en otra.

«La tolerancia de una comunidad hacia la agitación de los niños se funda, en parte, en criterios educativos y sobre una representación particular de la infancia», aclara Bernard Gosel. Con el fin de identificar precozmente posibles casos, algunos especialistas aconsejan a los padres que observen si determinadas acciones de sus hijos exceden el comportamiento «habitual» en niños de su edad: salir corriendo sin mirar si vienen coches, meter la mano en la boca de un perro desconocido, tener reacciones explosivas cuando se enfadan o dejar los exámenes en blanco, a pesar de haber estudiado, podrían ser, según ellos, indicios de TDAH. Pero en distintos contextos socioculturales, entornos o personas que las juzguen, muchas de estas conductas se considerarían normales. Al referirse a lo que es «habitual» para los niños de una determinada edad, los expertos apuntan a un ideal uniformizador, más que a la realidad de una infancia cuyas características, como hemos visto, se desconocen, no se comprenden o tienden a limitarse. Pretender que el desarrollo mental y emocional de todos los niños y niñas debe discurrir por idénticas etapas lógicas y cronológicas, o que su crecimiento físico (su peso, su talla, etc.) tiene que ajustarse necesariamente a similares percentiles, supone negar la singularidad de cada persona, su diferencia única en el mundo, que la hace ser ella misma y no otra.

El éxito mundial de la línea de productos Baby Einstein, de la compañía Disney, deja suponer que a muchas personas les agradaría que sus hijos fueran especialmente inteligentes, los primeros en adquirir ciertas habilidades. Sin embargo, cuando leemos la biografía del más brillante científico del siglo XX, Albert Einstein, nos sorprende comprobar que, según sus biógrafos, no empezó a hablar hasta pasados los 3 años y, aun así, lo hacía con dificultad, era bastante retraído y poco sociable. **De haber nacido en nuestra época, es muy probable que a Albert Einstein se le hubiera diagnosticado autismo, síndrome de As-**

perger (también llamado trastorno de espectro autista, la persona presenta dificultades en la interacción social y la comunicación, en una intensidad y gravedad variables), dislexia o incluso déficit de atención. Esto no significa que todos los niños con problemas sean superdotados, sino que cada trayectoria de vida tiene sus propios y exclusivos cauces. Y si un superdotado es una persona muy especial, yo diría que todos los seres humanos lo somos: solo necesitamos reconocerlo.

El derecho a interrumpir

Lawrence Diller, pediatra especializado en psiquiatría infantil, desde hace casi treinta años, y autor del libro *El último niño normal*,[9] explica:

> Nuestra sociedad se ha vuelto intolerante con la diversidad. Las criaturas que hoy llegan a la consulta son mucho menos «anormales» que las de antes. Sus padres las traen por problemas cada vez más triviales; son menos capaces de tolerar pequeñas debilidades: quieren tener hijos no conflictivos y que se ajusten a un modelo preestablecido.

La falta de tiempo, de disponibilidad y de apoyos a las familias, las crecientes exigencias académicas (incluso a edades tempranas), la presión escolar para que sigan los programas a un ritmo homogéneo, las dificultades de aprendizaje no diagnosticadas y el desmesurado valor social atribuido al trabajo intelectual y académico, que hace sentir inferiores a las personas dotadas con otro tipo de capacidades (como talentos artísticos y manua-

---

9. Diller, Lawrence H., *The last normal child. Essays on the Intersection of Kids, Culture, and Psychiatric Drugs*, Praeger, 2006.

les), son algunos de los factores que explican, según Diller, esta situación.

Lo cierto es que todas las personas somos distintas... Los padres deberían aceptar que ninguno de sus hijos se parece a otro, y que no han venido al mundo a cumplir sus expectativas... Tal vez necesiten que alguien les tranquilice diciéndoles que saldrán adelante siendo simplemente ellos mismos.

En conjunto, **las exigencias adultas hacia la infancia de hoy resultan excesivas y tienden a reducir la diversidad humana;** esperamos que se comporten como personas mayores: que sean serios, responsables, silenciosos, estáticos y productivos... y, en cierto sentido, **es posible que tengamos los niños y niñas más adultizados de la historia, al tiempo que, como hemos visto, paradójicamente, los más infantilizados.** «Ellos se sienten mal porque saben que están decepcionando a sus padres y profesores», lamenta Diller. A menudo, la forma de conseguir que sean casi «perfectos» entra en contradicción con otros valores y discursos de nuestra cultura, como el derecho a elegir, a ser diferente, a expresarse libremente y a participar. Una de las preguntas del cuestionario utilizado para diagnosticar el TDAH es «¿Interrumpe la conversación de los adultos?». Recuerdo que era algo totalmente inaceptable cuando yo era niña, en la década de 1970. Los adultos nos miraban fijamente a los ojos y sabíamos que estábamos haciendo algo mal, que no podíamos «molestar», ni teníamos derecho a intervenir, como una más, porque ellos eran los «mayores» y nosotras «inferiores». En aquella época, el respeto se entendía principalmente como sometimiento. La necesidad de participación infantil, en la comunidad adulta, no se contemplaba, entre otras cosas porque niños y niñas disfrutábamos de nuestro propio espacio social, con los iguales, en casa y, especialmente, en la calle. Hoy, como comentamos en el capítulo anterior, su situación ha cambiado bastante: la infancia se encuentra en franca minoría y bastante aislada. Pero también nuestra sociedad se ha vuelto más democrática, la distancia social y cultural entre generaciones se ha reducido, las relaciones han pasado de estar centradas en la autoridad, y en criterios externos como el deber y la moral, a basarse en factores internos de mutua satisfacción e intimidad, es decir, en la capacidad de afecto, de comunicación, de empatía y comprensión.[10] Asimismo, la Convención sobre los derechos del niño de Naciones Unidas (1989), ratificada por prácticamente todos los países del mundo (excepto Somalia y Estados Unidos), establece que los menores de 18 años son los protagonistas de sus vidas y tienen derecho a participar en las decisiones que les afectan.

«En este contexto, algunos aspectos de la definición del TDAH parecen totalmente desfasados y arcaicos», observa Beatriz Janin. Ciertamente, podría decirse que su concepto de la educación resulta bastante convencional, en lugar de apuntar hacia el cambio. Porque, pese a los avances en la democratización de las relaciones adultos-niños que hemos citado, lo cierto es que las prácticas de crianza evolucionan lentamente y, en muchos lugares, la infancia aún no recibe la atención y el respeto que merece. «Cuando no les escuchamos, cuando les impedimos expresarse —explica José Carlos Tobalina, educador y miembro de Acción Educativa—, les estamos obligando a buscar otras salidas; no pueden estar presentes en nuestra realidad, y entonces pierden la atención». Para este maestro, un niño con déficit de atención está en realidad «mal atendido, no en el sentido de mal cuidado en lo material, sino de no escuchado, no respetado». Lo mismo opina Chris Mercogliano,

10. Giddens, Anthony, *La transformación de la intimidad*, Madrid, Cátedra, 1995.

director de la Albany Free School, una famosa escuela democrática situada en los suburbios de Nueva York, con buen número de alumnos «difíciles»: «Todos los niños necesitan amor y contacto, pero especialmente aquellos que están luchando por establecerse en el mundo. Necesitan reconocimiento y permiso para ser ellos mismos. Más que atender al profesor, precisan ser atendidos».[11]

Predelincuencia infantil

La escuela es, quizá, la institución normalizadora que más transformaciones requiere para dejar de ser el mosaico de anomalías bien gestionadas en que se está convirtiendo. Recientemente, visité un colegio dedicado especialmente al tema de la integración, y me sorprendió que aunque los estudiantes compartían aulas y clases, cada subgrupo estaba perfectamente etiquetado y tratado según protocolos y metodologías precisas: «Tenemos los disléxicos, dislálicos, autistas, asperger, déficit de atención, problemas de conducta... y luego están los ordinarios», me explicaba una maestra. No me atreví a preguntarle a quién se refería con la palabra «ordinario»... Me quedé con la fuerte impresión de que todas esas casillas, en las que les colocamos, no traducen más que nuestra dificultad para vivir las diferencias sin temor, sin la necesidad de marcarlas y separarlas; nuestra incapacidad para reconocerlas, para dejarlas fluir.

El historiador Christopher Lane comenta:

11. Merrogliano, Chris, *Teaching the restless. One school's remarkable no-ritalin approach to helping children learn and succeed*, Boston, Beacon Press, 2003.

Se exige uniformidad[12] y al que no encaja se le transmite una imagen negativa de sí. Pero la homogeneidad es imposible, y empeñarse en ella solo lleva a limitar el desarrollo de las capacidades creativas y del pensamiento crítico de los chicos.

La tan ansiada «normalidad», como objetivo educativo, acaba convirtiéndose en patología, o en una insípida mediocridad...

Además, las etiquetas en la escuela corren el riesgo de transformar loables intenciones preventivas y/o de tratamiento, en formas de predicción estilo Pigmalión, como ya demostraron Rosenthal y Jacobson: las expectativas de los profesores sobre los alumnos determinan sus resultados: hacen de los problemas una realidad probada, en lugar de contribuir a resolverlos. En el caso del TDAH, se fija y cronifica una situación (con una enfermedad que se define, además, como incurable y para siempre) en lugar de centrarse en los procesos y dejar abierto un futuro de posibilidades.

Los humanos somos seres en continuo crecimiento, cambiamos constantemente, a lo largo de toda la vida, pero especialmente durante la infancia. Adquirimos capacidades en tiempos y ritmos distintos, y nuestro desarrollo, lejos de ser lineal u homogéneo, posee su propia lógica interna; extremadamente sensible y compleja, está sujeta a variaciones que pueden ser transitorias y vienen determinadas por una multitud de factores internos y externos.

Sin embargo, algunos expertos, como Richard Tremblay, parecen convencidos de lo contrario y aseguran, por ejemplo, que es posible identificar el germen de la delincuencia desde la primera infancia.[13] Para este profesor de Psicología en la Uni-

---

12. Lane, Christopher, *Shyness. How normal behavior become sickness*, Yale Colley 2007.

13. <http://www.youtube.com/watch?v=82kz83kdZOk>.

versidad de Montréal, cuantos más problemas de conducta presenta un niño de 3 años, más probabilidades tiene de convertirse en un adolescente y un adulto violento, con una capacidad de predicción igual o superior a la del cáncer a partir del tabaquismo (en torno al 70 %). Según sus investigaciones, el 25 % de los diagnosticados con TDAH serán delincuentes en la adolescencia (un dato que curiosamente coincide con algunas estadísticas españolas, según las cuales, el 30 % de los menores con problemas legales padecen TDAH).

A partir de similares ideas, recogidas en un informe del Instituto Nacional de la Salud y la Investigación Médica francés[14] (en cuya elaboración participó Tremblay), el entonces ministro del Interior Nicolas Sarkozy presentó en 2006 un proyecto de ley para la prevención de la delincuencia, basado en la identificación precoz. El informe vincula delincuencia y enfermedad mental, establece una relación de causa-efecto entre las rabietas infantiles y las conductas agresivas adultas, y señala los siguientes rasgos de carácter en los niños difíciles: «frialdad afectiva», «tendencia a la manipulación», «cinismo» e «índice de moralidad bajo».

El programa de prevención de Sarkozy se basa en cuestionarios destinados a padres, escolares y profesores, con preguntas sesgadas y descontextualizadas sobre el grado de agitación, la obediencia o la capacidad de permanecer sentados de los niños. La idea inicial era apartar y ofrecer una educación especial a estos «predelincuentes», para evitar que llegaran a serlo en el futuro; pero el proyecto provocó la indignación de muchos profesionales de la infancia, que lo calificaron de peligroso y determinista, y elaboraron una petición, con más de 130.000 firmas, solicitando su retirada.[15] Finalmente, el Comité Nacional de

14. VV.AA. *Troubles des conduites chez l'enfant et l'adolescent*, París, Inserm, 2005.
15. <www.pasdeodeconduite.org/>.

Ética se pronunció en contra del programa al considerar que no contemplaba la decisiva influencia del entorno en el comportamiento humano. Jean Claude Ameisen, uno de sus miembros, observa que la simple posibilidad de corregir un comportamiento mediante el uso de una droga hace que los márgenes de tolerancia y «normalidad» basculen: «Antes de la invención de Ritalin [Rubifén en nuestro país], hace veinte años, las mismas conductas que hoy parecen insoportables, se consideraban normales», afirma.

En una ocasión, el conocido psicólogo norteamericano Jerome Bruner consiguió que un juez neoyorquino revocara la sentencia a cadena perpetua dictada para un adolescente que había cometido un homicidio. El argumento de Bruner fue que el veredicto era absolutamente irrespetuoso con la naturaleza humana, cuya condición esencial es el cambio continuo. Condenar a una persona (y especialmente a un niño) para toda la vida, significa negarle la posibilidad misma de ser humano, es decir, de mejorar, renovarse, transformarse...

Algo parecido sucede, en mi opinión, ya no con sentencias judiciales, sino, en este caso, con diagnósticos médicos y psicológicos, como el del TDAH, de cuya organicidad no existen pruebas y que, sin embargo, condenan al paciente a toda una vida de enfermedad con la fuerza de una profecía autocumplida: la cronificación del síntoma se ve favorecida por mecanismos de construcción social e «indefensión» farmacológica: «Hace unos meses decidimos quitarle la medicación —cuenta Juan, padre de un niño con TDAH—; iba mucho mejor y quisimos ver su evolución sin el fármaco. Pero tuvimos que volver a dársela enseguida, porque su comportamiento empeoró: la maestra empezó a quejarse, estaba más agresivo e incluso nosotros teníamos serias dificultades. Frente a la disyuntiva, ahora lo tenemos claro: preferimos que tome la pastilla; es mucho más fácil para todos».

DE CRÍTICA SOCIAL A CONDUCTA CRIMINAL

En sus investigaciones históricas, Christopher Lane encuentra un cambio radical en la forma de apreciar la conducta «antisocial» a partir del siglo XIX. Según este autor, el movimiento romántico que dominaba las artes y las letras en la primera mitad de ese siglo valoraba los comportamientos desviados como una forma de crítica social, una especie de indicador que podía ayudar a identificar los problemas colectivos, las áreas que era necesario repensar, reorganizar y reconducir. Hacia el final de esa centuria, sin embargo, los mismos comportamientos empezaron a verse desde una perspectiva exclusivamente individual, como sospechosos, amenazantes, patológicos, e incluso criminales.

Normalizadas (y neutralizadas), las personas nos volvemos más previsibles, manejables y controlables... Los problemas entendidos como desviaciones son imputados a los individuos cuyos «defectos de fabricación» o de «planificación genética» necesitan ser disciplinaria y/o químicamente corregidos; y la estructura del entorno social continúa inmutable e incuestionable, reproduciéndose hasta el infinito. Solo que, de esta forma, las dificultades nunca se resuelven, porque no se trabaja sobre sus causas.

¿Todos enfermos?

Al revisar las sucesivas versiones del *DSM*, Christopher Lane se dio cuenta de que la mayoría de los trastornos que han venido a engrosar sus páginas, desde su primera publicación en 1952, hacen referencia a características, conductas o rasgos de personalidad que hasta ese momento se consideraban normales.

El caso de la timidez, entendida como un síntoma de fobia o ansiedad social, es revelador: tras ser incluida en 1980 en la tercera edición del *Manual Diagnóstico* de la APA, pasó a convertirse, en tan solo 6 años, en el tercer trastorno más importante en Estados Unidos, después de la depresión y la dependencia del alcohol. Pero la controversia entre los expertos estaba servida: algunos especialistas insisten en que solo quieren tratar los casos «extremos», mientras otros admiten no poder distinguir correctamente entre el rasgo de personalidad y la patología de ansiedad social. El límite entre enfermedad y normalidad no parece claro. Ponerse nerviosa al hablar en público, o sentirse incómoda por tener que comer sola en un restaurante, pueden dejar de ser comportamientos adaptados, o incluso valorados como muestras de humildad y prudencia..., para convertirse en una auténtica epidemia: el 50 % de la población mundial podría sentirse identificado con una definición tan amplia de la enfermedad.

LAS DROGAS DEL ESTILO DE VIDA

Las «*lifestyle drugs*» o «drogas del estilo de vida» permiten esculpir psicofarmacológicamente una personalidad socialmente aceptable para estar «mejor que bien», según expresión del psiquiatra norteamericano Peter Kramer. Se trata de utilizar una medicación para potenciar rasgos de carácter deseados, más que para tratar enfermedades. Según algunos especialistas, los fármacos comúnmente prescritos para el TDAH podrían ser una variedad de este tipo de drogas: se busca que niños y niñas mejoren su conducta y se adapten mejor en la escuela. Buena prueba es que cada vez más familias deciden descansar de la toma ¡los fines de semana y durante las vacaciones! ¿Qué clase de enfermedad orgánica y genética es la que mejora en vacaciones, y empeora de nuevo durante el curso escolar? ¿Tal vez alergia a la escuela?

Emociones consideradas «negativas» como la rabia, la tristeza o el miedo pasan a ser un asunto de epidemiología, en lugar de una cuestión de expresión, comprensión, escucha e intimidad.

Con la ampliación del número de trastornos, «cada vez son menos las personas que pueden considerarse "normales" sin tener necesidad de ayuda médica o psiquiátrica», señala Lane. Las ciencias del alma, o de la mente, están olvidando su papel en el alivio del sufrimiento psíquico, para convertirse en «escultoras» y promotoras del ser humano «perfecto». Al igual que la publicidad, el cine, la moda, la estética, la cosmética, la dietética y la cirugía... nos ofrecen un modelo de cuerpo hermoso (que, desgraciadamente, excluye la mayor parte de las diferencias humanas o, lo que es peor, las reduce a la condición de defectos y «fealdad») y nos brindan la oportunidad de conseguirlo..., **las investigaciones de la neurología, la psicología, la psiquiatría, la industria farmacéutica y la presión de instituciones uniformizadoras como la escuela convencional dibujan una imagen de la personalidad humana «normal», a la que debemos conformarnos, so pena de ser excluidos y considerados enfermos.** Para conseguirlo, está permitido utilizar incluso sustancias químicas cuyos efectos secundarios son prácticamente desconocidos. Las personas tristes consumen Prozac para no llorar y estar contentas; numerosas sustancias ayudan a adelgazar y mantener la línea; el Viagra potencia la erección y nos promete relaciones sexuales más satisfactorias; tomamos vitaminas y estimulantes al levantarnos, para estar activos, analgésicos para no sentir el dolor, tranquilizantes para no estresarnos, suplementos deportivos para ir al gimnasio, al final de la jornada, y sedantes para dormir; en las universidades y empresas ultracompetitivas es frecuente el uso de psicofármacos y otros potenciadores cognitivos para rendir en el trabajo o en los estudios.

La exigencia de normalidad viene acompañada de una marcada preferencia social por un único lado de la realidad: el del crecimiento continuo, la constante expansión y la mejora permanente. Pretendemos que todo sea maravilloso y lineal, sin desvíos ni baches; siempre tenemos que estar «bien»: optimistas, vitales, encantadores... incluso cuando nos sentimos fatal. Todo lo que supone contención, retraimiento, pausa, reposo, oscuridad, contracción... se identifica como negativo y se trata como problema. No nos damos permiso para los momentos de debilidad, de enfado, de vacío, de cansancio, ofuscación o aburrimiento... Pero en la vida cada cosa tiene su contrario, todo es doble (una duplicidad que proporciona movimiento), funciona por ciclos que se alimentan y se complementan: hay frío y calor, diástole y sístole, inhalación y exhalación, día y noche, alegría y tristeza...

Igual que en invierno la savia de los árboles se retira a descansar al tronco para salir con más fuerza en primavera, así el desarrollo infantil, lejos de ser homogéneo, pasa por fases de latencia en las que parece que no ocurre nada, o incluso que se produce una involución. He observado esto en distintos tipos de aprendizajes: cuando los ritmos de los niños son respetados y tienen la posibilidad de elegir sus actividades, pueden mostrar, durante una temporada, un fuerte interés por la lectura, por ejemplo, para después olvidarla por periodos que se prolongan semanas e incluso meses. Y cuando vuelven a retomarla voluntariamente, suelen mostrar extraordinarios avances, que nos dejan atónitos porque no son fruto del entrenamiento. Aunque invisibles desde el exterior, dentro de ellos, las estructuras cerebrales encargadas de estas capacidades han continuado trabajando y madurando. En cualquier aspecto de la vida, para crear el orden que representa un nuevo aprendizaje, los seres humanos atravesamos periodos de caos y reorganización que resultan a menudo incomprensibles, pero son absolutamente necesarios y naturales. Cuando, al luchar contra ellos, los convertimos en un problema y nos impedimos vivirlos (o que los niños los vivan), contribuimos a fijar esos momentos del proceso, en lugar de permitir que fluyan y puedan pasar a otra cosa. Los procesos de maduración emocional están estrechamente ligados al desarrollo físico, psíquico e intelectual, como puede observarse en el caso del enanismo emocional (un niño de 6 años con este síndrome puede aparentar menos de 3 por su tamaño), un fenómeno que, aunque raro, da cuenta de estos fuertes vínculos entre las distintas dimensiones del ser humano. En este sentido, el estrés y las tensiones afectivas, por ejemplo, afectan a la química del córtex cerebral, donde se sitúan los centros de la atención, la motivación y la autorregulación, todos ellos relacionados con el TDAH.

En nuestra cultura, tendemos a dividir las emociones en positivas y negativas y solemos temer y frenar la expresión de estas últimas. Sin embargo, igual que la vida en el planeta necesita del ciclo del día y la noche, exteriorizar la rabia o la tristeza que sentimos nos sirve para reconocer nuestro poder personal, aprender a poner límites o conectar con nuestras necesidades más profundas. Y facilita la transición natural hacia un nuevo estado emocional. Las rabietas, por ejemplo, tienen sentido en el crecimiento de una criatura de 2 o 3 años que está empezando a tomar distancia de su madre y a afirmarse como persona separada e independiente. Frenar su expresión no solo les priva de una excelente vía para construirse, sino que puede dar lugar a una acumulación de frustración y rabia que, a la larga, desemboque en otros síntomas, e incluso en problemas con la violencia. Pero algunos profesionales, entre los que se encuentra el ya citado Richard Tremblay, ven en ellas la antesala de la delincuencia...

La sola idea de una relación entre los berrinches infantiles y la criminalidad resulta exagerada y trágica, el perfecto argumento para una novela de ciencia ficción... Pero es real, e incluso viene avalada por instituciones gubernamentales y académicas...

En la misma línea, una de las preguntas del cuestionario elaborado para evaluar la salud mental de los estudiantes franceses pide a padres y profesores que estimen si el niño «llora o ríe demasiado». Es un buen ejemplo de cómo nuestra cultura frena la expresión emocional (¡incluso la «positiva»!) y la considera un signo de patología. Los niños y las niñas viven intensamente los afectos, son espontáneos y están naturalmente en contacto con su mundo emocional: algunos estudios aseguran que los menores de 6 años se ríen, de media, unas trescientas veces al día, mientras que los adultos lo hacemos solo ¡entre quince y treinta! Teniendo en cuenta los beneficios de la risa para la salud en general, este podría ser un excelente indicador de la calidad de la educación y la crianza... Así como de todo lo que los pequeños pueden enseñarnos...

Tristeza, duelos y depresión

La tristeza es otro de los estados naturales que apenas se toleran. Recuerdo la historia de un niño norteamericano recientemente trasladado, con su familia, a Quito (Ecuador) que me contó la famosa pedagoga Rebeca Wild. El pobre no paraba de llorar porque había dejado en Estados Unidos a sus mejores amigos. Pero sus padres, incapaces de soportar su lamento (probablemente porque se sentían culpables), le ofrecieron un dólar por cada día que estuviese contento...

La mayoría de los cambios en la vida de un individuo producen ansiedad y representan una forma de duelo: poco a poco, descubrimos lo que ganamos con la nueva situación, pero antes o después también tomamos conciencia de aquello que perdemos... Cuando los duelos pueden ser vividos, expresados y acompañados convenientemente por personas comprensivas y afectuosas, podemos superarlos e, incluso, recoger sus regalos. En caso contrario, se quedan estancados y puede que nunca lleguemos a sobreponernos del todo.

Hoy en día, la prisa por crecer, por rendir y sobre todo adaptarse, evitando ser excluido, no deja espacio ni tiempo para atravesar el dolor. El borrador de la última versión del famoso *Manual Diagnóstico* de la APA, del que tanto hemos hablado, contempla, por ejemplo, que una persona sea tratada por depresión (y convenientemente medicada) cuando sufre la muerte de un ser querido y su aflicción se prolonga ¡durante más de dos semanas!

En el caso de las niñas y niños adoptados, una población en la que, curiosamente, los diagnósticos de TDAH son entre ocho y dieciséis veces más frecuentes, los cambios suelen ser repentinos y extremos: en pocas semanas, pueden encontrarse con nuevas personas de referencia, cuidadores, compañeros, otro país, lengua, clima, alimentación, hábitos y costumbres, etc... En su corta trayectoria de vida, no han podido establecer vínculos firmes y seguros, ni disfrutar de la presencia de una figura materna estable, disponible y afectuosa. Y se espera de ellos que reaccionen positiva y rápidamente al nuevo contexto, que se adapten a su familia adoptiva, al entorno social y a la escuela, en un tiempo récord... Pocas veces se tienen en cuenta sus carencias, sus dificultades emocionales, su necesidad de hacer duelos adecuadamente acompañados.

Tampoco los adultos estamos libres de la socialmente bien organizada «policía emocional», en la que, casi sin darnos cuenta, todos participamos. Recientemente, una amiga que está pasando por una crisis personal se echó a llorar en la consulta de su médico; salió de allí con una receta de Prozac... La depresión, que para algunos expertos es fruto de la acumulación de penas y malestares no expresados, elaborados ni resueltos, está convirtiéndose en una auténtica epidemia a nivel mundial: se estima que unos 350 millones de personas la padecen en todo el mundo; según las previsiones, en el año 2020 será la segunda causa de incapacidad a nivel mundial. Citando a la psicoanalista francesa Élisabeth Roudinesco, Beatriz Janin explica:

> Si esta es la época de los adultos deprimidos no es raro que sea también la de los niños hiperactivos: con su movimiento tratan de hacer reaccionar a los mayores, o bien caen ellos también en la tristeza.

De ahí, quizás, el elevado número de diagnósticos de bipolaridad (cambios bruscos en el humor, la energía y el comportamiento) que, últimamente, proliferan también entre los niños.

La predominancia del enfoque geneticista en la psicología y la psiquiatría actuales atribuye a factores internos innatos determinadas reacciones a los estresores del entorno familiar, escolar y social, y los identifica con desequilibrios químicos en el cerebro, principalmente en los niveles de neurotransmisores como la serotonina. Desde una visión mecanicista del cuerpo humano, la solución que se propone es restablecer el equilibrio, introduciendo una sustancia apropiada. De una forma artificial y forzada, se aparta a las personas de su propia realidad emocional, de sus vivencias interiores; no se les da la oportunidad de comprenderlas, de elaborarlas, ni responsabilizarse de ellas, y se las condena a depender de una exterioridad donde deben encontrar todas las soluciones.

Comercialmente bien explotado, el miedo al dolor se transforma en un auténtico pánico que, paradójicamente, acarrea nuevos sufrimientos. Stephen Jenkinson uno de los especialistas mundiales en cuidados paliativos, habla de las expresiones de terror que con frecuencia ve en los ojos de los moribundos a quienes se medica para que no sufran. La ausencia de las sensaciones corporales que nos acompañan de forma natural en el tránsito hacia la muerte, deja a los pacientes en una especie de vacío insoportable y convierte esa transición esencial de la vida en una experiencia psíquicamente horrible y espantosa.

En la misma línea, estudios recientes han demostrado que el uso de drogas como los antidepresivos para cambiar estados psíquicos produce «embotamiento emocional» («*emotional blunting*»), un fenómeno caracterizado por la dificultad para conectar con lo que sentimos: imposibilidad de llorar, de reaccionar frente a eventos con una fuerte carga sensible, y de empatizar con otras personas; separados drásticamente de nuestras propias emociones, somos incapaces de comprender y aceptar las de los demás...

Niños hipersensibles, padres y maestros desatentos

Algunos especialistas consideran que los síntomas del TDAH se manifiestan desde el nacimiento. Aseguran que se les reconoce porque son «bebés irritables, malhumorados, que duermen mal y a los que resulta difícil consolar». De nuevo, el comportamiento de una criatura se atribuye exclusivamente a causas internas, sin tomar en consideración la importancia de su interacción con el entorno y la complejidad de los sistemas humanos, familiares y sociales.

En una cultura con serias dificultades para procesar y canalizar las emociones, niños y niñas vienen al mundo, paradójicamente, con una extraordinaria sensibilidad hacia los movimientos energéticos de su entorno afectivo. Podríamos decir que funcionan como esponjas y/o espejos emocionales de los adultos: todo aquello que somos incapaces de expresar, con lo que no nos permitimos entrar en contacto porque nos duele, no está bien visto o no es lo que pensamos que «debemos» sentir, ellos y ellas nos lo devuelven ampliado. El conocido terapeuta danés Jesper Juul afirma que es precisamente en este ámbito donde son mucho más competentes que los adultos: «quiero decir que son capaces de enseñarnos lo que necesitamos aprender».[16]

El único problema es que, a menudo, no estamos preparados (ni recibimos la ayuda necesaria) para comprender sus mensajes. Juul pone como ejemplo el caso de Lyly, una bebé de 6 meses que llora insistentemente, cada día, cuando van a dejarla en la guardería. Con su llanto, la pequeña exterioriza las dificultades emocionales de su madre para separarse de ella: ha tenido que contener sus sentimientos de tristeza y culpa porque económicamente no puede permitirse dejar de trabajar para quedarse en casa cuidando de ella. Lyly siente como suyas las tensiones maternas y las expresa en su propio lenguaje; si fuera capaz de hablar y poner en palabras las emociones, se explicaría más o menos de esta forma: «Querida mamá: creo que hay algún problema con la guardería. Y me parece que solo tú tienes la capacidad, y la responsabilidad, de resolverlo».

Con su sensibilidad hacia las cuestiones afectivas, nuestros hijos e hijas nos enseñan a no engañarnos, a ser auténticos; nos invitan a abrirnos a lo que sentimos y ponerlo en coherencia con nuestra forma de pensar y actuar. Si es cierto que algunas criaturas son más sensibles que otras, todas tienen la capacidad de percibir y registrar hasta los más mínimos cambios en su entorno emocional; así que muchas madres, padres y maestras terminamos por aprender a reconocer en sus estados de ánimo y sus comportamientos una especie de barómetro de la atmós-

---

16. Juul, Jesper, *Your competent child*, Nueva York, Farrar, Strauss and Giroux, 2000, pág. 39. [Hay trad. cast.: *Su hijo, una persona competente*, Barcelona, Herder, 2010.]

fera psicológica de nuestras casas y aulas. El exceso de movimiento, la inatención o las conductas problemáticas reflejan a menudo tensiones y conflictos no resueltos, en la familia y en la escuela. Cuando la falta de respeto, la rabia o incluso manifestaciones psicosomáticas como un dolor de estómago persisten largo tiempo, es muy probable que los pequeños estén sometidos a algún tipo de estrés, sobre el que no tienen ningún control. Incluso es posible que no estén siendo suficientemente respetados. Niños y niñas aprenden principalmente por imitación, del ejemplo que les damos los adultos: si les tratamos con respeto, tenderán a ser respetuosos, si les damos amor, se mostrarán amorosos. Si estamos presentes y atentos a sus expresiones y necesidades, nos atenderán.

Muchas veces, los «mayores» estamos desbordados, tenemos dificultades para fijar nuestros propios límites y para ejercer nuestras numerosas responsabilidades. Otras, simplemente nos sentimos agobiados, con preocupaciones, y no tenemos suficiente disponibilidad mental y emocional para prestarles atención.

Reflexionando sobre el TDAH, profesionales como el doctor Peter Breggin se preguntan: «¿de quién es el problema?». Y constatan que el diagnóstico se aplica generalmente a criaturas que no tienen cubiertas sus necesidades auténticas, en particular en el ámbito afectivo: la interacción con sus padres, maestros y/o cuidadores no es satisfactoria, y pueden estar aburridos, ansiosos o irritados en su entorno familiar o escolar. Para Breggin, estos síntomas no deberían desembocar en un diagnóstico de enfermedad mental infantil, sino en redoblados esfuerzos por responder a sus carencias: «La cura para estos niños —asegura el doctor Breggin— es más atención amorosa y racional por parte de sus padres y cuidadores».

Junto al trastorno de déficit de atención parental (TDAP), el polémico psiquiatra norteamericano acuña también el de TDAM o déficit de atención del maestro, que atribuye principalmente a la rígida estructura del sistema educativo y la uniformidad de sus enfoques y programas. Los profesores se sienten presionados para avanzar con los contenidos del currículo, y no tienen el tiempo ni, en ocasiones, las herramientas adecuadas para personalizar la enseñanza y responder a las necesidades individuales de sus alumnos.

Relaciones empáticas

Aunque esencial para el futuro de nuestra sociedad y del planeta, la labor educativa está escasamente valorada, y poco o nada apoyada en España, uno de los países que menos ayuda y protección ofrece a las familias. Disponemos de menos tiempo libre del que tuvieron nuestros padres y abuelos, y los problemas laborales, sociales y económicos nos impiden ofrecer a nuestros hijos toda la presencia, la disponibilidad mental y afectiva que necesitan.

Hemos crecido en una cultura de relaciones basadas en el deber, la autoridad y la moral, que valora la eficacia y la obediencia por encima de los deseos genuinos, las emociones y los sentimientos de las personas. Un modelo que repetimos casi sin darnos cuenta, porque lo hemos aprendido en la práctica; donde los roles y las obligaciones limitan las posibilidades de experimentar verdaderos encuentros, de intimar y empatizar con el otro. Y cuando, insatisfechos, tratamos de acercarnos a las criaturas desde una posición más humana y comprensiva, nos asaltan las dudas y encontramos dificultades para identificar nuestras necesidades, fijar prioridades, poner límites y mostrar nuestra vulnerabilidad, sin perder nuestro lugar. Buscando el punto medio, pasamos fácilmente del autoritarismo al laxismo (*laissez-faire*), nos declaramos impotentes y dejamos que las cosas simplemente sucedan...

Si la búsqueda de contacto emocional es lógicamente mayor en aquellas criaturas que no disfrutaron de vínculos estables, seguros y afectuosos durante sus primeros meses y años de vida, puede decirse que todos los jóvenes de hoy están hambrientos del cariño y la atención de adultos afectuosos, relajados y seguros de sí, mucho más que de bienes materiales y objetos de consumo que «compren» su felicidad. Desean relaciones auténticas, basadas en el respeto, la confianza y el compromiso mutuo, donde se les aprecie simplemente por lo que son; adultos que les ayuden a encontrarse y a construirse, a ser ellos mismos, sin imponerles un modelo prefabricado... Es así como se sienten y, en general, nos sentimos todos los seres humanos, verdaderamente queridos...

En este tipo de interacciones, también nosotros crecemos como personas... porque madurar, como sostiene la protagonista de la película *Educando a mamá* (2012), de Patricia Riggen, no es una cuestión de edad, sino un proceso que se prolonga a lo largo de toda la vida.

En un mundo donde apenas hay espacios para la expresión emocional, capaz de construir, como muestra el excelente documental de Patricio Guzmán *Nostalgia de la luz* (2010),[17] extraordinarios aparatos para contemplar las estrellas más lejanas, pero completamente sordo al lamento de un ser humano, nuestra pequeña contribución puede cambiar, aunque sea muy lentamente, los hábitos y la inercia del sistema social. Pero padres, abuelos, tíos y maestras no podemos emprender esta aventura de manera aislada: tenemos que juntarnos, crear «tribu», apoyarnos y empezar a trabajar juntos para impulsar una cultura del cuidado, más acogedora y que sitúe en su centro las necesidades de la vida, en lugar de las del mercado.

Escuchando a la infancia aprendemos a ver más allá de sus

17. <http://nostalgiadelaluz.com>.

117

dificultades aparentes, a mantener la calma, observar y comprender el sentido de su comportamiento, en lugar de asustarnos, enfadarnos y buscar una solución inmediata; también nos situamos en una posición realmente adulta, es decir, responsable de la relación, desde la que podemos ayudarles (solos o con el apoyo de algún profesional) a expresar su sentir, comprenderse y encontrar una salida.

Muchas veces, el simple hecho de poder contar a alguien nuestros problemas, lo que nos duele, o nos preocupa, sin juicio ni censura, es suficiente para desencadenar un proceso sanador espontáneo; incluso en situaciones límite como la de Zoydee, una chica etíope, de 16 años, deportada al Líbano durante la guerra. Meses después, volvía a su país mostrando comportamientos extraños, como atacar a su madre o quitarse repentinamente la ropa. La psiquiatría convencional diagnosticó esquizofrenia y prescribió una medicación. Pero las visitas semanales de una persona atenta, que pacientemente escuchaba a madre e hija, consiguieron que su comportamiento mejorara más de lo que lo hicieron las pastillas.

Permitir que un niño exprese, por ejemplo, su odio a la escuela puede resultarnos difícil; pero sin la posibilidad de exteriorizar este sentimiento, nunca podrá elaborarlo y empezar a ver y a valorar otros aspectos de su realidad. Como ha demostrado desde hace casi un siglo toda la psicología humanista, desde Rogers a Marshall Rosenberg, pasando por Thomas Gordon,[18] las emociones son estados temporales por los que es preciso transitar para acceder a otros. Reprimidos, la rabia y el odio se quedarán dentro por algún tiempo, pero rápidamente encontrarán nuevas vías para salir a la superficie, en forma de

---

18. Véase por ejemplo: *PET. Padres eficaz y técnicamente preparados*, de Thomas Gordon (Diana, 2003) y *Comunicación no violenta* (Gran Aldea Editores, 2006), de Marshall Rosenberg.

comportamientos, miedos, e incluso dolencias somáticas: «Los afectos no tramitados, que no pueden ser nombrados, dejan marcas en el cuerpo —asegura Beatriz Janin—. Se convierten en síntomas».

Además de la escucha empática, niños y niñas, especialmente los pequeños, se benefician del juego espontáneo para representar conflictos, liberar tensiones y elaborar duelos. Un instinto natural del ser humano que, como hemos visto, no es suficientemente comprendido ni valorado y encuentra numerosas trabas para materializarse: disponibilidad de espacios, demandas de productividad y «rendimiento» escolar, sobreprotección, directividad adulta...

La escuela convencional se empeña en ver al niño y la niña simplemente como alumnos que deben responder a las exigencias académicas del profesor, dejando fuera su personalidad y sus emociones. Y aunque cada vez más padres y profesores toman conciencia de la enorme importancia del bienestar emocional (base de una sólida autoestima personal) para un correcto funcionamiento de las capacidades cognitivas,[19] la educación del sentir debe salir de los estrechos límites de un contenido y unas metodologías para integrarse como práctica cotidiana en la labor pedagógica.

Recientemente, una maestra me explicaba el excelente y creativo trabajo que realiza con sus alumnos de primaria en este ámbito; pero al contarme cómo se emociona con sus reacciones comentó: «Muchas veces tengo que salir de clase, para que no vean mis lágrimas». Inmediatamente pensé: ¿cómo podemos educar sus emociones si no nos permitimos expresar las nuestras?, ¿si nos vemos obligadas a ocultarlas? Necesitamos desarrollar una cultura libre de maniqueísmos, que no separe las

19. Lo que Mari Carmen Díaz Navarro, maestra y escritora, llama «el piso de abajo».

emociones en negativas y positivas, ni pretenda reprimirlas, orientarlas o dirigirlas: que simplemente las acepte, las contenga (en el sentido de darles un espacio de seguridad consciente) y permita que fluyan. Empezar a dar los primeros pasos en este sentido, aunque sean vacilantes e inseguros, aunque nos equivoquemos..., es participar en la construcción de un nuevo mundo para todos.

DE LA ATENCIÓN A LA CONCENTRACIÓN

Entre los principales síntomas del TDAH se encuentra la falta de presencia y disponibilidad mental, que se manifiesta en continuas distracciones y una capacidad de atención y de concentración reducida, limitada a cortos periodos de tiempo.

Entre la población de niños diagnosticados con el trastorno, el porcentaje de desatentos crece rápidamente y, como hemos visto, el género femenino es el más afectado. También comentamos que, aunque en menor grado, muchas maestras están empezando a detectar este tipo de dificultades entre la población general de alumnos «normales», comparados con los de hace veinte o treinta años.

Vivimos en una cultura de la velocidad y la prisa permanente, continuamente proyectadas hacia el futuro, con serias dificultades para pararnos simplemente a sentir, a estar presentes. Y no deja de resultar curioso que, como en el caso del supuesto «exceso» de movimiento de los niños de hoy, esta «sociedad con déficit de atención», como la denomina el psicólogo inglés Aric Sigman,[20] lo enfoque como un problema individual y acuñe un diagnóstico que aplica inmediatamente a la infancia. Tal

20. Sigman, A., «Visual voodoo...», *op. cit.*, pág. 8.

vez porque, como señala Sandra Carli,[21] la niñez es «ese rostro agudo en el que parecen sintetizarse todos los conflictos sociales, culturales e incluso políticos». Es el espejo en el que nos reflejamos (a veces sin vernos) las personas adultas. Tradicionalmente, asumimos que nuestros hijos y alumnos tienen el deber y la obligación de atendernos en casa y en la escuela. A cambio del afecto y los cuidados que reciben, han contraído con «los mayores» una especie de deuda («*to pay attention*», «pagar atención», se dice en inglés): la de escuchar sus enseñanzas, sus consejos, ideas y advertencias. Un verbo conjugado siempre en imperativo, que entendemos como el resultado de una decisión consciente y voluntaria del sujeto, y nos parece indispensable para que puedan ser educados y educables. Si no atienden es que «no quieren hacerlo» (es decir, desobedecen, se rebelan) o bien, como señala la hipótesis geneticista, que tienen algún defecto congénito, una predisposición innata y hereditaria a la inatención.

En esta visión de la atención aún pueden encontrarse residuos del viejo paradigma de relaciones autoritarias que comentamos en el apartado anterior, un enfoque que resulta totalmente obsoleto en el marco de las nuevas relaciones adulto-niño. Mi propuesta es reemplazar ese término (o limitar mucho su uso) y empezar a hablar más de conexión, intimidad o empatía, palabras que traducen mejor la dimensión social de la atención.

Como señala el doctor Gabor Maté, «nadie nace con la capacidad de atender. Igual que el lenguaje o las matemáticas, es algo que aprendemos». Y más que un atributo aislado de las personas, es fruto de la interacción entre un individuo y las condiciones de su entorno, que pueden, o no, ser las adecuadas

21. Carli, Sandra, «Miradas de la infancia desde Argentina», Jornadas emergentes. Cultura visual y educación, Universidad Central de Barcelona, 2003.

para su desarrollo. Si queremos entender lo que llamamos inatención, debemos considerar al niño, el contexto y la relación entre ambos.

Dos capacidades distintas

En el momento de nacer, el cerebro de un bebé tiene una media de 100.000 millones de neuronas, pero muy pocas sinapsis, es decir, muy pocas conexiones neuronales que sustentan capacidades del sistema nervioso como el aprendizaje y la memoria. La comunicación entre estas células se va multiplicando a medida que el niño crece, mediante la estimulación ambiental, sensorial, afectiva, cognitiva y el movimiento.

Prácticamente, todo el desarrollo cerebral ocurre después de venir al mundo, en los primeros meses y años de vida, de forma muy intensa y casi, podríamos decir, exponencial. El tamaño del cerebro crece muy rápidamente entre el primero y el quinto año de vida (pasando de 350 gramos a aproximadamente 1.200, el 90 % del cerebro adulto). Pero lo más extraordinario es la forma en que se va organizando su estructura y aumentando su complejidad: en un entorno favorable (en el que son determinantes el contacto afectivo, la riqueza de estímulos y la alimentación), con tan solo un año, ya se están produciendo unos tres billones de nuevas sinapsis por segundo, de forma que cuando el bebé alcanza los cuatro años, puede llegar a los 1.000 billones de conexiones neuronales.

Esta es, por lo tanto, una etapa esencial para el desarrollo en general y, particularmente, para el de la atención y la concentración. Aunque muchas veces las utilizamos como sinónimos, se trata de dos capacidades distintas: la primera está relacionada con una presencia activa, abierta a todas las percepciones pero sin focalizarse en ninguna. La segunda, por el contrario, es la habilidad que tiene la mente de centrarse en un solo estímulo o tarea, dejando fuera todos los demás.

Investigando sobre las relaciones entre el ser humano y la naturaleza, psicólogos ambientales como los esposos Kaplan[22] identificaron y diferenciaron las dos habilidades, aunque con distintas apelaciones:

- **La atención directa o dirigida**, que requiere un esfuerzo, a veces agotador, para excluir de la conciencia la ingente cantidad de estímulos e informaciones que están llegando a nuestro sistema sensorial, cada segundo; se basa en el control voluntario de las distracciones y la concentración es su cualidad predominante.
  Utilizamos esta capacidad cuando debemos centrarnos en una tarea que no nos apetece especialmente, por ejemplo, para realizar un examen.
- Y la **atención indirecta o no dirigida**, que no requiere esfuerzo: simplemente estamos presentes, inmersos en la totalidad del espacio, las sensaciones, emociones y pensamientos; abiertos a algo que nos atrae, sin razón aparente ni sacrificio alguno.

En estos dos tipos de atención están implicadas diferentes áreas del cerebro.

La fatiga provocada por un exceso de concentración (atención directa) tiene consecuencias en el pensamiento y, también, en los afectos y emociones humanas: después de realizar, durante largo rato, una tarea que requiere toda nuestra energía (por ejemplo, tras demasiadas horas leyendo, escribiendo o escuchando a alguien), es frecuente que tengamos dificultades para

22. Collado, S. y Corraliza, J. A., *Naturaleza y bienestar infantil, op. cit.*, 2012, pág. 70.

percibir correctamente; nos distraemos con facilidad, nos resulta más difícil resolver problemas y ser creativos, y podemos dar signos de impulsividad, impaciencia e irritabilidad. Seis u ocho horas pueden ser demasiadas incluso para un adulto, cuánto más para un niño.

Lo interesante es que, mientras los entornos humanos artificiales, como las calles de una ciudad, por ejemplo, nos interpelan continuamente para que concentremos sucesivamente nuestros sentidos en una cosa y luego en otra, la naturaleza, en cambio, nos devuelve a ese estado de atención involuntaria que posee un efecto restaurador, que relaja y descansa nuestras mentes. Y si bien es cierto que la vida no sería posible sin la habilidad de dejar fuera una porción de los estímulos y sensaciones que nuestro organismo recibe continuamente, centrándonos en algo, puede que esa apertura consciente sea el estado natural de la mente humana.

INDÍGENAS Y MEDITADORES

Estudios clásicos sobre ondas cerebrales (el potencial eléctrico del cerebro que puede medirse mediante un electroencefalograma), realizados por psicólogos como Lindsley y Smith[23] a finales de la década de 1930, muestran que aumenta gradualmente su frecuencia con la edad, pasando de unos 3,5/4 Hz en los bebés, a entre 8 y 14 Hz en las personas adultas.

Hasta los veinticuatro meses, los recién nacidos registran predominantemente ondas Delta, características del sueño y la relajación profundas, relacionadas con la actividad mental inconsciente. La mente está como «fundida» en la totalidad.

23. Lindsley, D. B., «Electrical potentials of the brain in children and adults», *The Journal of General Psychology, Science*, vol. 19, 2, 1938, págs. 285-306.

Entre los 2 y los 6 años, pasan a una intensidad superior con las llamadas ondas Theta, cuya frecuencia se sitúa entre los 4 y los 8 Hz. Los adultos las producimos, por ejemplo, cuando estamos a punto de caer en el sueño y nos despertamos, dormimos superficialmente y entramos en meditación profunda o en hipnosis.

A partir de los 6 años y hasta los 12, el cerebro de niños y niñas produce predominantemente ondas Alfa (entre 8 y 13 Hz), que se vinculan a experiencias como meditar, soñar despierto, o entrar en un estado de hipnosis ligera. En todos estos casos, la mente está relajada pero alerta.

Por último, cuando cumplen más o menos 12 años, su cerebro alcanza las llamadas ondas Beta, cuya frecuencia sobrepasa los 13 Hz y puede llegar hasta los 30. Aparecen con el pensamiento y la actividad mental «cortical» consciente, es decir, de las áreas del cerebro relacionadas con el razonamiento, la lógica y, por supuesto, la concentración, funciones que se atribuyen al hemisferio izquierdo del cerebro.

Las personas que meditan regularmente, así como aquellas que viven inmersas en el mundo natural, como los indígenas de muchas tribus, presentan un nivel de actividad eléctrica cerebral inferior al de quienes habitamos el mundo «moderno». Y muchos de ellos aseguran que, aunque normalmente se encuentran en ese estado de paz mental y apertura, no les supone ninguna dificultad concentrarse en los aspectos prácticos de la vida, cuando es necesario.

Mi impresión es que nuestra cultura educativa tratar de inducir cada vez más prematuramente, en niños y niñas, formas de pensamiento más propias de las personas adultas de la civilización occidental.[24] **Y, quizás, al menos una parte de los problemas de atención infantiles venga del esfuerzo que deben hacer para adaptarse a algo que no está en armonía con su naturaleza.** De

---

24. «Nunca, jamás, un niño puede pensar como un adulto», dice Bernard Aucouturier, creador de la práctica psicomotriz.

hecho, muchas de las dificultades y conductas que caracterizan el TDAH tienen que ver con deficiencias en las funciones cognitivas superiores del cerebro, que requieren un alto grado de atención dirigida.

Un proceso complejo

Lejos de ser una función sencilla, que pueda desencadenarse apretando un botón (por ejemplo, el de la voluntad), la atención es el resultado de complicadas operaciones cerebrales, procesos en los que intervienen múltiples componentes.

El nivel de activación cerebral es uno de los factores que la determinan: si está sobreactivado, nos ponemos ansiosos, tensos y tenemos dificultades para ser productivos. Si, por el contrario, no llega al grado óptimo para realizar una determinada tarea, perdemos partes de la información y tenemos dificultades para percibir los detalles. A menudo, los niños con TDAH están por encima o por debajo del nivel adecuado de activación: en el primer caso, no tienen suficiente energía para iniciar y realizar una tarea; en el segundo, no pueden concentrarse en ella y se distraen continuamente.

Los niveles de activación cerebral están relacionados con el descanso y la fatiga, pero también se ven afectados por aspectos emocionales como el miedo y la ansiedad. Frente a una amenaza, por ejemplo, nuestro cerebro se carga de energía.

Para la terapeuta canadiense Cris Rowan, la mezcla de sedentarismo y de un exceso de horas ante una pantalla produce estos desequilibrios en la niñez: la luz y la velocidad de las imágenes excitan sus cerebros, pero no les ofrecen la posibilidad de descargar la agitación a través de una actividad motora adecuada; a la larga, el exceso de activación termina por producir fatiga sensorial. Periodos prolongados de concentración, por ejemplo, para atender las instrucciones y explicaciones de un adulto, ya sea en la escuela, en las actividades extraescolares o en el tiempo de ocio, pueden producir también fatiga y, por tanto, un bajo nivel de activación.

Pero el llamado *arousal* cerebral es solo una de las múltiples dimensiones implicadas en la atención. Además, influyen también, entre otros factores, el grado de novedad e interés de la tarea, la motivación de quien la realiza, la autoestima y el equilibrio emocional, la atención de un adulto, etc.

Atención y emoción

Como hemos visto, el desarrollo emocional precede al intelectual: los centros cerebrales que procesan los afectos y la motivación maduran antes que los del pensamiento y la lógica. Aunque la atención es una función del intelecto, sus raíces se hunden en el suelo emocional, en ese «piso de abajo» del que hemos hablado: «Las emociones constituyen las bases de la atención, incluso después de que la inteligencia racional domine el pensamiento consciente», afirma Gabor Maté.

Muchas veces, un niño no consigue concentrarse porque su mente está inmersa en preocupaciones, ansiedades o miedos de los que, a veces, ni siquiera es consciente o, por alguna razón, no puede comunicar. En una jornada reciente sobre la importancia del juego en la infancia, el psicoanalista Juan Pundik, presidente de la Plataforma contra la Medicalización de la Infancia y autor de varios libros sobre la hiperactividad,[25] aseguraba que los más jóvenes «tienen derecho a estar apenados porque se ha muerto su mascota, o preocupados por las peleas de

---

25. Pundik, Juan, *El niño hiperactivo, déficit de atención y fracaso escolar*, Madrid, Filium, 2006.

sus padres»; en tales casos, nadie debería forzarles a atender unas explicaciones académicas que les distraen de los procesos naturales (y fundamentales para su vida) por los que están pasando.

Como comentamos en el apartado anterior sobre las emociones, la atención cariñosa de un adulto, el contacto y el vínculo seguro con una persona atenta y afectuosa pueden hacer milagros en la atención de los niños: al favorecer la producción cerebral de dopamina, resultan un excelente psicoestimulante. Los síntomas del TDAH, asegura el propio *DSM-IV*, pueden minimizarse cuando los jóvenes están bajo el control estricto de un adulto. Dicho esto, es importante que seamos conscientes de la manipulación que puede suponer dar atención y afecto a cambio de cosas como el trabajo escolar o unas buenas notas. Niñas y niños necesitan, como ya comentamos, lo que suele llamarse «amor incondicional»: tienen derecho a ser amados simplemente por existir, por estar aquí y ser lo que son; no deberían tener que hacer nada para conseguirlo.

Tareas aburridas

Los síntomas y manifestaciones del TDAH suelen desaparecer cuando los niños tienen cosas interesantes que hacer (por ejemplo, ¡en vacaciones!) o si reciben una mínima atención de los adultos. Curiosamente, su falta de disponibilidad mental para centrarse en una tarea cambia cuando se trata de actividades que les gustan, por las que sienten una elevada motivación. En esto están de acuerdo la mayoría de los investigadores e incluso, indirectamente, el *DSM-IV*, donde se aclara que los síntomas pueden aparecer en entornos que carecen de novedad y atractivo para los chavales. La conocida sentencia «no atiende en clase, por eso no aprende» es completamente falsa, o al menos le falta un elemento fundamental que, de alguna forma, media entre la atención y el aprendizaje: la motivación del individuo. De hecho, una persona desmotivada puede mostrar un comportamiento muy similar al de alguien con problemas de atención: distraído, con lagunas, desorganizado...

En el caso de los niños, el problema de la motivación suele resolverse apelando a recompensas externas, principalmente con la administración y/o la retirada de refuerzos materiales o simbólicos. Incluso las pantallas, en particular los videojuegos, les ofrecen continuamente premios instantáneos por prestar atención. Pero este tipo de gratificaciones no favorecen el aprendizaje de la paciencia, ni la capacidad de proyectarse en el futuro y esperar a obtener resultados a medio y largo plazo. Les confinan en una inmediatez limitante que, además, entra en contradicción con el tipo de enfoque educativo, mucho más profundo, que les ofrece la escuela.

También es cierto que la escasa individualización del aprendizaje en las aulas hace que muchos alumnos no encuentren las tareas escolares suficientemente desafiantes: a veces son demasiado fáciles, y les parecen aburridas; otras, excesivamente complicadas, les provocan ansiedad y miedo. Además, la mayor parte de los procesos de enseñanza-aprendizaje tradicionales están basados en la repetición de tareas rutinarias (por ejemplo, copiar los enunciados de los problemas), algo que no favorece la presencia plena, sino todo lo contrario: induce un estado mental automático, rígido, poco creativo y centrado en el pasado, que Ellen Langer, la creadora del concepto de *mindfulness* (atención consciente), denomina *mindlesness* (literalmente, «menos mente»).[26] Para esta autora, el concepto de atención, la forma en que la manejamos habitualmente y educamos a los niños

---

26. Langer, Ellen, «Mindful learning», *Current Directions in Psychological Science*, vol 9, n.º 6, 2000, págs. 220-223.

no favorecen la presencia consciente: nos centramos en una única dimensión de las cosas (como si las enfocáramos con una cámara fija) cuando deberíamos tratar de encontrar siempre nuevos aspectos: sensaciones, imágenes, ideas... que no habíamos observado antes. Así nuestra presencia se hace más activa y nuestra atención mejora.

Tradicionalmente, asumimos que la postura sentada y quieta es un elemento fundamental para atender correctamente; pensamos que si nos movemos nos dispersamos y perdemos la concentración. Sin embargo, al permitirnos variar la perspectiva de un objeto o estímulo, el movimiento favorece la atención, cuya emergencia se ve impulsada y sostenida por la novedad, más que por el reposo y la rutina. Las variaciones y los cambios de enfoque aumentan nuestro nivel de activación cerebral, favorecen la habilidad de pensar y de concentrarnos. Esta activación tiene un importante papel en la mejora de la memoria y el aprendizaje.

Por otro lado, una motivación basada exclusivamente en elementos externos puede producir dependencia e incluso llegar a obstaculizar la aparición de un verdadero interés personal, que solo puede venir del interior, del placer que cada persona encuentra al desarrollar diferentes aspectos de su experiencia. En este sentido, las rígidas metodologías educativas y la estrechez de los currículos no fomentan la plena realización de cada individuo, el despliegue de toda su singularidad. Las materias escolares son extremadamente limitadas, representan una ínfima parte de todos los conocimientos humanos, dejando fuera la mayoría de los saberes y capacidades, especialmente las manuales, musicales y artísticas. Los enfoques didácticos están lejos de ser lo suficientemente flexibles como para incorporar las diferentes formas de inteligencia y los distintos estilos de aprendizaje. Además, tenemos una infancia infantilizada, es decir, escasamente autónoma, con muy pocas oportunidades de asumir responsabilidades en los ámbitos personal y educativo, algo que también podría contribuir a aumentar su motivación e implicación.

Creo sinceramente que la naturaleza de niños y niñas no es ser agitados, aburridos, desatentos, indisciplinados, rencorosos ni violentos, sino todo lo contrario. Debido a la inmadurez con la que todos los seres humanos venimos al mundo (como resultado de la bipedestación y de otras opciones que nuestra especie ha ido tomando a lo largo de su evolución), los entornos donde crecemos son fundamentales a la hora de cultivar nuestras mejores potencialidades y de prevenir posibles trastornos. En el próximo capítulo pasaremos revista a algunas ideas y experiencias que apuntan en este sentido.

NUEVOS ENFOQUES

Ante un fenómeno delicado y complejo como el TDAH, la hipótesis que intento explorar en este libro es que tal vez no sean tanto los niños y las niñas, sino sus entornos físicos, familiares, sociales y escolares, los que tienen serias deficiencias en su estructura y funcionamiento. A partir de un análisis de la situación actual de la infancia, puesto en relación con los síntomas y características del TDAH (tal y como los definen la psiquiatría y la psicología convencionales), trato de imaginar la posibilidad de diseñar y ofrecer ambientes que respondan mejor a las necesidades vitales auténticas de esta etapa fundamental de la vida. En lugar de pretender que sean siempre las criaturas quienes se adapten a las insanas condiciones de una sociedad hipertecnológica, superurbanizada, adultizada, ultraexigente y en exceso «normalizada» y «normalizadora», sugiero que, para generar una auténtica prevención, intentemos transformar los contextos donde los niños crecen, se desarrollan y aprenden. Afortunadamente, existen numerosas experiencias sociales y educativas que apuntan en esta dirección. A continuación voy a referirme a algunas que he tenido la oportunidad de conocer, y encuentro más interesantes.

Richard Louv, el famoso escritor norteamericano que promueve una vuelta a la naturaleza, afirma en su famoso libro *El último niño en los bosques*:[1] «Los bosques fueron mi Ritalin. La naturaleza me calmó, me centró y también estimuló mis sentidos». Para este periodista medioambiental, el TDAH «puede entenderse como un conjunto de síntomas, agravados por la falta de contacto con la tierra», una intuición que corroboran numerosos estudios de psicología ambiental.

Parafraseando la terminología psiquiátrica, Louv acuña el término trastorno por déficit de naturaleza (TDN), para referirse a la carencia generalizada, en nuestra cultura, de un nutriente esencial para la salud integral: la «vitamina N». Este déficit, al que nos arrastra el estilo de vida moderno, puede ser la causa común de muchas de las dolencias físicas y psíquicas que aquejan hoy a niños y adultos. Convencido de que cuanta más tecnología incorporamos a nuestras vidas, más verde necesitamos, el escritor afirma que nuestro vínculo con la tierra es innato y ancestral: la relación directa y fundamental con las cosas vivas es una necesidad insustituible de todos los seres humanos que los tratados internacionales deberían reconocer, igual que contemplan el derecho al alimento o a la vivienda.

La naturaleza despierta y repara nuestros sentidos, nos nutre corporal y psicológicamente y nos proporciona bienestar y alegría. Estudios realizados por la Universidad de Michigan han encontrado que con solo una hora de vitamina N al día, nuestras capacidades de atención y memoria mejoran más de un 20 %. Los psicólogos ambientales sostienen que unas simples vistas a parques y jardines desde nuestras ventanas nos ha-

---

1. Louv, Richard, *Last child in the woods*, Algoquin Books, 2005. En castellano puede leerse: *Volver a la naturaleza*, Barcelona, RBA, 2012.

cen más productivos, mejoran nuestra capacidad de decisión, de solución de problemas, así como la respuesta de nuestro sistema inmunitario, de modo que caemos enfermos con menor frecuencia. En los hospitales, los pacientes que pueden ver árboles y plantas desde sus camas necesitan menos medicación, tienen periodos de estancia más cortos y son más positivos en sus valoraciones de los cuidados sanitarios. También se ha demostrado que pasar tiempo al aire libre mejora el estado psicológico e incluso puede curar el estrés y la depresión.

En entornos naturales, las relaciones son más próximas y fluidas, se valora lo comunitario y se practica la generosidad. Tal vez por eso, la mayoría de las personas prefieren los entornos «verdes» (que pueden ser todo tipo de ambientes, desde un desierto a una playa, pasando por un valle, un río, una dehesa, un bosque...) a los paisajes urbanos y, dentro de estos últimos, se inclinan más por aquellos que contienen elementos naturales.

LA NATURALEZA EN LA INFANCIA

Desde principios de la década de 1990, una extensa bibliografía corrobora estos resultados, si cabe con más fuerza, para los niños y las niñas, personas en desarrollo, especialmente sensibles a los factores ambientales. Frente a los espacios cerrados, jugar y aprender al aire libre contribuye mucho más tanto a mejorar su salud y bienestar general, como a estimular el desarrollo de todas sus capacidades, desde las físicas y motoras (coordinación, equilibrio, agilidad...) hasta las intelectuales (atención y concentración, observación y razonamiento, creatividad e imaginación), pasando por las sociales y afectivas (lenguaje, motivación, habilidades de negociación y cooperación, autonomía, autodisciplina, sentimientos positivos sobre uno mismo y los demás).[2]

2. Para una relación de los estudios más significativos, véase mi blog: <http://educarenverde.blogspot.com.es>.

Las propias criaturas son intuitivamente conscientes de los beneficios del verde y, cuando les dejamos elegir, prefieren estar al aire libre, en compañía de sus familiares y amigos, realizando actividades espontáneas y creativas, como el juego libre. Son las conclusiones de un reciente estudio comparativo, realizado por Unicef en Inglaterra, Suecia y España, que no encontró diferencias significativas entre los tres países.

Para el caso concreto del TDAH, las investigaciones confirman las ideas de Louv, así como las observaciones de muchos padres y educadores, que constatan cambios significativos en los niveles de tensión, inatención e hiperactividad de sus hijos y alumnos, cuando pasan tiempo en el campo.

Por una parte, el efecto restaurador de la atención que proporcionan los paisajes verdes, comentado en el capítulo anterior, hace que los chavales se recuperen más rápidamente de la fatiga sensorial producida por un exceso de concentración (en las actividades escolares y extraescolares) o demasiadas horas ante las pantallas. Unos breves momentos de contacto, aunque solo sea visual, con elementos naturales tienen un efecto acumulativo de restablecimiento de la atención voluntaria y son, además, generalmente más accesibles que largas estancias en el campo, o en cualquier otro espacio salvaje.

Por otra parte, la naturaleza posee también una función moderadora o amortiguadora de los efectos negativos producidos por acontecimientos estresantes en la vida de los niños y niñas: no pasar suficiente tiempo con sus padres, problemas laborales y económicos de su entorno, conflictos familiares, separaciones, divorcios..., así como las exigencias escolares, con exámenes, notas y deberes. Situaciones de estrés que, como hemos visto, podrían estar también en el origen de muchos síntomas asociados al TDAH. Se ha comprobado que quienes disponen de un acceso directo y cotidiano a zonas verdes en sus casas, áreas residenciales, escuelas y ciudades, soportan y superan mejor tensiones y traumas. Un hecho que confirma el importantísimo papel de la naturaleza en la denominada «resiliencia»: la capacidad de recuperación del equilibrio psicológico global, tanto a nivel cognitivo como social y afectivo (ámbito en el que se observa, por ejemplo, una marcada disminución de los pensamientos y sentimientos negativos y un aumento de los positivos).

En el caso concreto de los animales, una relación positiva puede ser altamente beneficiosa: además de ofrecer numerosas oportunidades de juego, aprendizaje y movimiento, proporcionan una sensación de seguridad que permite, especialmente a los niños con dificultades de comportamiento, crear una intensa conexión emocional que después podrán transferir a las personas de su entorno; son un excelente puente socio-afectivo que puede ayudar a sanar problemas de empatía y vínculo parental.

Espacios verdes como alternativa a la medicación

Un conjunto de estudios llevados a cabo por el Laboratorio del Paisaje y la Salud Humana de la Universidad de Illinois, con más de cuatrocientos niños y niñas afectados por el TDAH, han encontrado que jugar entre árboles y hierba produce una marcada reducción de todos los indicadores del trastorno, mientras que jugar en espacios interiores los incrementa. Cuanto más verde el espacio, menores los síntomas. Un simple paseo de 20 minutos por un parque cercano mejora significativamente la capacidad de atención y concentración (medida con un test objetivo) equilibrando, entre otras cosas, el nivel de activación cerebral. Basándose en sus hallazgos, contrastados para poblaciones infantiles con edades, tipo de residencia, clase social y gravedad muy diversas, los investigadores de Illinois sugieren que una dosis de verde puede ser tan efectiva como una de metilfenidato: los beneficios de la naturaleza son comparables a los de la medicación, pero sin sus indeseables efectos secundarios.

La naturaleza puede ser una de las claves fundamentales para prevenir y tratar el TDAH y otras dificultades de la infancia. Sus beneficios se hacen sentir siempre que el contacto sea regular, asiduo y, mejor aún, cotidiano; por eso, más que llevar a los pequeños al campo (algo por otro lado muy deseable), es preciso (y resulta urgente) acercar el verde a sus casas, barrios, escuelas y ciudades, especialmente a las más desfavorecidas.

En Estados Unidos existen movimientos de padres y educadores que promueven el contacto con la vida salvaje, como Children and Nature,[3] creado por el propio Richard Louv. Aunque menos consolidados, en Europa también tenemos proyectos educativos con idénticos fines, como la iniciativa Forest Pedagogics[4] o el programa Lessons from Nature.[5]

Cada vez son más los municipios, asociaciones de vecinos y de familias que se organizan para crear huertos urbanos comunitarios, en azoteas y solares abandonados (algunas veces incluso mediante ocupaciones «pacíficas»), donde los más pequeños pueden jugar, «mancharse» con agua y tierra, y empezar a dar sus primeros pasos como jardineros y agricultores. Grupos de padres y profesionales de la infancia reivindican la construcción de parques infantiles más naturales (en sustitución de los artificiales y de plástico), que ofrezcan mayores posibilidades de actividad, participación y creación para los niños. Algunas familias se reúnen para identificar, catalogar y cuidar de las plantas y animales en el entorno cercano a sus hogares... Otras crean grupos de juego al aire libre y clubs de naturaleza en sus barrios y ciudades. Pese a las restricciones y obstáculos de una normativa absurda y obsoleta, también son muchas las escuelas que están empezando a transformar sus patios, generalmente de cemento, en lugares llenos de vida, con huertos, jardines, bosquecillos y hasta pequeñas granjas que estimulan la exploración, la imaginación y la responsabilidad de los niños y donde

3. <http://www.childrenandnature.org>.
4. <http://www.forestpedagogics.eu>.
5. <http://www.lessonsfromnature.org>.

realizan numerosas actividades. Algunos profesores crean «aulas al aire libre» que combinan y completan el aprendizaje en las interiores, con materiales naturales y concretos. Ciertos equipos docentes incorporan parques, bosques, playas y otros espacios verdes cercanos a sus proyectos educativos. Cooperativas de padres y educadores fundan escuelas públicas y privadas donde niños y niñas pasan al aire libre, al menos, tanto tiempo como el que están dentro y, en algunos casos, incluso todo el curso escolar.

Existen también programas municipales y europeos que fomentan el hábito de ir al cole andando o en bici, una costumbre que, según estudios escandinavos, favorece la concentración y la atención durante toda la jornada. Movimientos sociales y educativos, como «La ciudad de los niños» y «Ciudades en transición»,[6] están empeñados en transformar definitivamente el paisaje urbano convirtiendo las duras urbes de cemento, grises y contaminadas, en auténticas «ciudades rurales» donde se recuperan los espacios sociales para sus vecinos grandes y pequeños. Por último, un creciente número de maestros y psicólogos están empezando a incorporar la naturaleza en sus programas de educación especial y terapias, como una herramienta para tratar muchos problemas infantiles.[7] Estos tratamientos e intervenciones educativas pueden incluir estancias de inmersión en la naturaleza, como acampadas, juego y ejercicio al aire libre, visitas y actividades académicas en bosques y otros espacios naturales, tareas de jardinería, cuidado de plantas, animales y granjas... Aunque la «Ecoterapia» y la «Ecopedagogía» están iniciando su andadura en nuestro país, sus posibilidades están abiertas y son infinitas...

6. <http://www.transitionnetwork.org>.
7. Freire, H., *Educar en verde*, Barcelona, Graó, 2011.

La tecnología forma parte, y transforma continuamente, nuestra vida diaria: la hace mucho más sencilla, más confortable...; nos ofrece formidables herramientas de trabajo y mágicas posibilidades de ocio y relación, pero se convierte en un problema cuando pasamos (y, especialmente, cuando los niños pasan) demasiadas horas sentados, con los ojos fijos en un océano de puntos de luz rojos, azules y verdes; cuando la realidad «virtual» sustituye a la física y social, en lugar de contribuir a enriquecerla.

Su mercado es extremadamente dinámico y nos «bombardea» a diario con nuevos artilugios, modelos más recientes y versiones actualizadas. Las personas «mayores» nos adaptamos como podemos, a medio camino entre la fascinación por la magia de estos extraordinarios «juguetes», y el fastidio con tanta novedad, que muchas veces nos desborda. Pero las criaturas de hoy, «nativas digitales», han sido engendradas en plena revolución de la información y crecido (desde la primera ecografía del embarazo) rodeadas de cables, teclados y pantallas. Televisión, videojuegos, Internet, cine, Wii, tablets, teléfonos... entran en la vida de los niños y niñas cada vez más pronto, y en gran abundancia. Prometen prepararles para el futuro, en un mundo altamente tecnificado. Ofrecen una ilusión de seguridad y control que nos libera tiempo para realizar las mil tareas que, diariamente y con escasa o ninguna ayuda, debemos asumir los adultos.[8] Pero ¿realmente están más seguros frente a las pantallas que, por ejemplo, subidos a un árbol?

Como muchas otras cosas, la tecnología tiene sus ventajas y sus inconvenientes. Cada vez que escribo o doy una conferencia sobre sus efectos negativos en el desarrollo del cerebro infantil,

---

8. Un amigo me decía recientemente que también a los padres nos dan «mucho juego» y es absolutamente cierto en nuestra configuración actual.

me pregunto cómo habría podido recopilar toda esa información, en un tiempo relativamente corto, sin ayuda de Internet... La vida tiene muchas paradojas como esta y creo que la capacidad de sostenerlas es un elemento esencial de nuestros procesos de crecimiento y madurez.

En el caso del TDAH, aunque la mayoría de los estudios apuntan a una influencia negativa de las pantallas, debida principalmente al sedentarismo, la sobrecarga sensorial y el potencial adictivo, los datos son, en ocasiones, contradictorios. Ciertos expertos, a los que me he referido especialmente en el capítulo titulado «La infancia hoy», están convencidos de que existe una relación directa entre el trastorno y el exceso de «horas máquina»; informan de casos en los que el simple hecho de limitar su uso, o de suprimir durante cierto tiempo cualquier dispositivo electrónico de la vida del niño, fue suficiente para que desaparecieran los síntomas.

Otros, en cambio, señalan sus ventajas en el desarrollo de capacidades como la identificación de pequeños objetos en el espacio, el cambio rápido de foco de atención, entre distintas tareas, o el logro de metas. Algunos aseguran incluso que videojuegos como el clásico puzzle Tetris pueden ser beneficiosos para tratar el déficit de atención. Últimamente, también se están comercializando costosos tratamientos con neurofeedback[9] asociado a programas informáticos, que mediante refuerzos positivos, entrenan a los escolares a mantener y ampliar su atención.

9. Se instalan electrodos en la cabeza del paciente pidiéndole que centre su atención en la imagen de una pantalla. Un programa mide la actividad eléctrica de su cerebro y recompensa altos niveles de atención. El neurofeedback puede utilizarse con sistemas de videojuego, como PlayStation o Xbox, para mantener a los niños con TDAH concentrados en una tarea.

La necesidad de regular el acceso a la tecnología

Al observar la intensa atracción que las nuevas tecnologías ejercen sobre las criaturas, y la forma en que pueden llegar a desbordarles en aspectos fundamentales de sus vidas como el sueño, el juego o la alimentación, muchas madres, padres y maestros nos sentimos desorientados: nos preguntamos si deberíamos regular su uso, y cuál tendría que ser nuestro papel en esa regulación: ¿habría que dejárselas en «libre servicio»?, ¿retirarlas de casa?, ¿limitar su uso? Y ¿a partir de qué edades? ¿Durante cuánto tiempo y en qué momentos del día? ¿Para realizar qué tipo de actividades? ¿Con qué dispositivos?...

Conscientes de la necesidad de poner límites, necesitamos información, guías y herramientas fiables para manejar con soltura un fenómeno complejo y en continua evolución.

Tradicionalmente, nuestra actitud hacia las nuevas tecnologías ha sido la de una aceptación pasiva: reconocemos sus ventajas, y consideramos sus inconvenientes un mal «menor» al que tenemos que resignarnos si queremos aprovechar todas sus oportunidades. Sin embargo, a muchos nos gustaría ser capaces de darles un sentido, aprender a situarlas en el lugar que les corresponde en nuestra vida personal, social y profesional. Cursos y manuales de instrucciones nos indican cómo manejarlas «por dentro», pero nadie nos enseña a gestionar su impacto, a sacarles el máximo partido, minimizando sus riesgos y aumentando sus beneficios. Un uso más racional y equilibrado, adaptado a nuestras auténticas necesidades, individuales y colectivas, nos permitiría mantener el control, apropiárnoslas de forma activa y minimizar sus riesgos maximizando sus ventajas. La sociedad en su conjunto y, en particular, el sector de las nuevas tecnologías, tendría que asumir su responsabilidad sobre unos productos que excitan a los niños y los vuelven «turbulentos». Como lamenta Philippe Meirieu, profesor de Educación en la

Universidad de Lyon, «vivimos una situación de libertad casi total para los vendedores de excitantes, pero de represión y firmeza absoluta para los excitados».

En la misma línea, Carl Honoré sugiere que «es preciso crear protocolos y normas para usarlas mejor».[10] Con este objetivo en mente, Francia, Bélgica y Estados Unidos, entre otros, han creado comités científicos que elaboran informes y producen orientaciones destinadas a educadores, familias y niños. En los últimos tiempos, la mayor parte de sus recomendaciones no están relacionadas con los contenidos de los medios, sino con sus efectos a nivel cerebral. En nuestro país, cabe destacar la labor que está realizando el Observatorio de Contenidos Televisivos y Audiovisuales, cada vez más orientado también hacia una reflexión sobre las características del propio medio y su impacto en el desarrollo infantil.

Incluso en el exclusivo mundo de la *high-tech* empieza a cuestionarse que sea indispensable, y sobre todo saludable, estar todo el día conectados. Los propios directivos de la industria tecnológica, en Silicon Valley, reconocen que, para el bienestar humano, es necesario tener una vida plena fuera de la red; por eso, sorprendentemente, empiezan a llevar a sus hijos a escuelas diseñadas sin tecnología, donde ni tan siquiera hay ordenadores. Padres como Matthew Mengerink, un ejecutivo de eBay, opinan que hay tiempo para las máquinas fuera del colegio, y que el aula debe ser un espacio para actividades de aprendizaje más sociales y naturales: «La tecnología es fundamental en mi trabajo, pero no en mi vida privada», asegura este profesional cuya intención es proteger el desarrollo de la imaginación de sus hijos: «Si miro atrás a mi educación, no teníamos tantos ordenadores pero intentábamos comprender cómo fun-

10. Freire, Heike, «Carl Honoré. El tiempo de ser niño», *Cuadernos de Pedagogía*, n.° 407, 2010.

cionan, el conocimiento que encierran». El 75 % de los alumnos de la Waldorf School of the Peninsula, en Silicon Valley, tienen al menos uno de sus padres trabajando en *high-tech*.

Estrategias de gestión múltiples

Sacar la tecnología de nuestras escuelas, casas, reuniones o comedores es una de las muchas opciones de que disponemos. Más o menos drásticas, las decisiones que tomemos dependerán de los valores, las necesidades, las dificultades, el momento en que nos encontremos y las posibilidades de actuación que tengamos a distintos niveles: personal, familiar, social... Seguramente no adoptaremos una estrategia única, sino más bien una combinación de medidas y regulaciones.

El primer paso para plantearse una gestión eficaz de las nuevas tecnologías es observar la forma en que las utilizamos; tomar conciencia del tiempo que les dedicamos, de las tareas que realizamos y el ocio que disfrutamos con ellas; reflexionar sobre nuestras necesidades y descubrir cómo podríamos cubrir algunas de ellas de un modo más gratificante, por otros medios.

Podemos hacer registros durante un determinado período de tiempo (por ejemplo, una semana), con información sobre la persona que las utiliza, el lugar (una habitación, el salón, el estudio, el aula de informática, la clase...), el día de la semana, el momento del día (mañana, tarde, noche...), el número de horas que se dedican, el tipo de dispositivo, si las utilizan solos o acompañados (en el caso de los niños), las tareas que realizan, etc... Debido a la gran diversidad de medios, es importante registrar y calcular el tiempo global diario de exposición ante una pantalla de los niños (y de los adultos): móviles, Wii, ordenador, televisión, consola, etc... Con estos datos podemos conocer la media de horas de uso diario o semanal y aprender muchas cosas sobre los hábitos y costumbres de nuestra familia o escuela. A partir de ahí, según nuestros deseos, es posible empezar a fijarse objetivos y a diseñar estrategias con la participación de todos.

Es interesante registrar el consumo de todos los miembros del grupo familiar o escolar, no solo el de los pequeños. Niños y niñas aprenden principalmente por imitación y las investigaciones demuestran que existe una elevada correlación entre la adicción a las nuevas tecnologías de los padres y la de sus hijos. Si queremos que disminuyan el tiempo que dedican a las pantallas, no nos queda otro remedio que darles ejemplo: los niños son especialmente sensibles a nuestras incoherencias y les molesta que digamos una cosa y hagamos otra... Siempre será mucho más fácil para ellos limitar su tiempo-máquina si ven que los adultos de su entorno hacemos lo mismo...

Además, las estrategias que podemos implementar implican generalmente pequeños cambios en nuestra forma de vida que afectan a todo el grupo, la introducción de hábitos más saludables y la recuperación de espacios de convivencia y afectividad.

TIEMPOS SIN PANTALLAS

Para tomar conciencia del lugar que ocupan las nuevas tecnologías en nuestras vidas y del grado de dependencia que tenemos (y decidir si es, o no, el que deseamos) es interesante programar «tiempos sin pantallas»: un día a la semana, una semana al mes o incluso un mes al año, generalmente coincidiendo con las vacaciones. Todos los miembros del grupo familiar o escolar deben asumir el compromiso, sin excepciones: si solo afecta a los pequeños, lo vivirán como un castigo y sentirán una gran frustración al ver que sus padres continúan haciendo lo que a ellos les está vedado. Durante este periodo, descubrimos de forma natural todas las cosas que podemos hacer cuando estamos «desconectados»: pasamos más tiempo con nosotros mismos (aburridos, soñando, reflexionando...) y con los demás (charlando, jugando, cenando, paseando...), compartimos aficiones, salimos más al aire libre y, especialmente los niños y niñas, desarrollamos más juegos de movimiento, imaginación y fantasía. La vida social con la familia, los amigos y los vecinos se ve fortalecida; en la escuela, los alumnos están más concentrados y menos cansados que habitualmente. Aprendemos a «soportar» la frustración y el aburrimiento (un estado del que el poeta José Bergamín decía: «es la perla de la ostra») y movilizamos recursos inesperados y sorprendentes, nos volvemos mucho más creativos.

A la hora de decidir sobre los límites, es aconsejable consultar la opinión de expertos. Serge Tisseron,[11] psiquiatra y psicoanalista francés que participó en varios estudios y comisiones sobre el problema de las pantallas en la infancia, aconseja la regla 3-6-9-12, que ha sido adoptada por la Asociación Francesa de Pediatría: «Nada de televisión (ni ninguna otra pantalla) antes de los 3 años, nada de videojuegos antes de los 6, nada de Internet antes de los 9, y nada de juegos en red antes de los 12». Partiendo de estas grandes líneas, podemos ir adaptándolas según la madurez, los intereses del niño, las necesidades y recursos familiares, el momento del día (o de la semana) y la forma en que utilicemos el dispositivo: solo o acompañado por un adulto; para un fin exclusivo de entretenimiento o como apoyo didáctico (igual que si de un libro o de cualquier otro recurso se tratara), etc...

En cuanto a la duración, aunque las opiniones varían según los expertos, la mayoría aconseja no más de quince o treinta minutos al día antes de los 4 o 6 años, y un máximo de una o dos horas a partir de esas edades. La opción de uso en solitario siempre es menos recomendable que el uso acompañado.

11. Tisseron, Serge, *Internet, videojuegos, televisión: Manual para padres preocupados*, Barcelona, Graó, 2006.

Es fundamental, tener en cuenta, en cada caso, las características del niño o la niña, su salud y bienestar general, cómo se encuentra y cómo reacciona después de utilizar los dispositivos, qué aportaciones hacen a su vida, qué otras aficiones tiene..., así como los hábitos y costumbres de la familia o escuela.

Además de intervenir sobre los tiempos, hay muchas otras formas de reducir su presencia, por ejemplo, acotando los espacios: prácticamente todos los especialistas de diversos países coinciden en que es mejor ubicar los aparatos en un espacio común, como el salón de la casa, que en las habitaciones de los niños. Para evitar que interfieran en áreas como el sueño, la vida social o el aprendizaje, aconsejan evitar su uso: durante las comidas u otros momentos especiales de encuentro para compartir en familia (o en grupo) tales como paseos, juegos, etc.; en el coche, es preferible aprovechar viajes y desplazamientos para charlar, descubrir el paisaje, intercambiar informaciones e impresiones...; al menos una hora antes de irse a la cama, debido al efecto excitante que se relaciona con los problemas de insomnio en la infancia...

Pero más importante que alejarles de las máquinas es fomentar el gusto por otras formas de diversión y aprendizaje, apoyarnos en la fuerza de la naturaleza dentro y fuera de ellos. Richard Louv aconseja, por ejemplo, que por cada hora de pantalla, puedan disfrutar de, al menos, una hora al aire libre. Ofrecerles alternativas como grupos de juego, salidas al campo o a zonas verdes, convivencias, posibilidades de desarrollar sus intereses en diferentes ámbitos (arte y artesanía, danza, lectura, deporte, teatro, música...), etc., siempre de la manera más espontánea, autodidacta y menos dirigida posible. No debemos olvidar que, para estar sanos, necesitan una media de tres o cuatro horas diarias de movimiento y juego espontáneo, mejor al aire libre y en espacios verdes.

Dedicar un tiempo especial, si es posible a diario, para prestarles toda nuestra atención, jugar, relajarnos y disfrutar con ellos, es muy saludable para todos. El contacto ocular, piel a piel y cuerpo a cuerpo, resulta esencial para la regulación energética, emocional y afectiva. Aunque infinitamente más complejas, las relaciones humanas «en vivo y en directo» son mucho más satisfactorias que las mediadas por máquinas; y en este tipo de interacciones los pequeños aprenden a apreciarlas.

Una interesante pista que nos ofrece la educadora escocesa Claire Warden es utilizar siempre las nuevas tecnologías para ampliar o complementar el mundo de las cosas concretas: acceder a más información, profundizar en nuestros conocimientos y experiencias, acrecentar nuestras posibilidades de relación...; pero nunca para acceder a lo esencial. Esto significa que si los niños están interesados, por ejemplo, en conocer a las ovejas, deberíamos ofrecerles, en primer lugar, la posibilidad de tener un contacto real (o varios) con ellas y, solo en un segundo momento, ayudarles a encontrar información, fotos, etc. en Internet, libros, enciclopedias u otros recursos.

Además de firmes y claros, los límites deberían ser, en la medida de lo posible, negociados y pactados con los niños, e ir evolucionando en función de su edad, capacidades y nivel de responsabilidad. En vez de vivirlos como restricciones y prohibiciones, podemos introducirlos gradualmente, convirtiéndolos en hábitos sencillos, naturales y saludables. También debemos evitar proyectar sobre las tecnologías nuestros miedos y angustias: tratar de no demonizarlas y permanecer lo más neutros y prácticos posible. Es preferible no utilizar las pantallas como premio, ni retirarlas como castigo: de esa forma, les damos muchísima importancia a los ojos de los pequeños y podríamos incrementar su potencial adictivo.

Es cierto que «las maquinitas enamoran a los niños», como decía Nacho, pero también lo es que, si les dejamos elegir, mayoritariamente prefieren estar jugando al aire libre con sus familiares y amigos, como señalan los estudios. Reconquistar los espacios huecos de aburrimiento y soledad, sedentarismo, encierro, dependencia y falta de contacto con el mundo natural requiere persistencia y un poco de imaginación, pero es posible, y sobre todo deseable.

Una labor colectiva

Además de trabajar en el ámbito individual, las personas implicadas en la problemática de «la infancia y las pantallas» necesitamos apoyarnos mutuamente para informarnos, debatir y regular juntos. «En lugar de denunciar los comportamientos individuales —aconseja el pedagogo francés Philippe Meirieu— tenemos que buscar soluciones colectivas».

Las tecnologías (junto con otros elementos) contribuyen a modificar el paisaje infantil a nivel colectivo, y es desde ese ámbito comunitario desde donde podemos actuar para encontrar las respuestas apropiadas. De nada sirve que retiremos las pantallas de casa, si nuestros hijos van a verlas a la del vecino (aunque siempre será mejor que las utilicen acompañados), si están continuamente expuestos a ellas en los lugares públicos o si no tienen la posibilidad de encontrarse con otros niños al aire libre, y en espacios sin aparatos.

Junto a los estudios y regulaciones que los poderes públicos deberían promover, madres, padres y educadores necesitamos reunirnos para expresar nuestras vivencias y tomar conciencia como grupo de la gravedad y las implicaciones del problema, así como de sus posibles soluciones.

En algunos países se están creando grupos de gestión de las tecnologías a nivel de las comunidades, los barrios, las escuelas y las ciudades. Agrupan a padres, madres, educadores, terapeutas, investigadores, responsables administrativos, profesionales de la salud, de la infancia... Su primer objetivo es compartir información e intercambiar experiencias, impresiones e ideas.

Tras analizar y poner en común las principales dificultades que encuentran, en una segunda fase sus miembros pasan a diseñar, desarrollar e implementar diversas estrategias de regulación colectiva que pueden ir desde crear espacios de encuentro para la infancia y la adolescencia, recuperando el uso de calles y plazas, solares abandonados, escuelas, centros culturales, etc., hasta una transformación gradual de barrios y centros de enseñanza que mejore su seguridad y el acceso a zonas verdes. Las escuelas pueden aprovechar todas las posibilidades que ofrecen las nuevas tecnologías para flexibilizar e individualizar el aprendizaje, desarrollar la creatividad, construir el conocimiento en grupo, democratizar el acceso a la información, favorecer el trabajo en red, etc., pero minimizando sus inconvenientes: reducir los materiales representativos y aumentar el contacto con objetos y seres vivos reales, hacer más descansos, trabajar al aire libre, fomentar la narración oral, el cuento, aumentar la participación, animar a los alumnos a crear sus propias imágenes, desarrollar la creación más que el consumo de nuevas tecnologías.

Frente a la invasión tecnológica de la escuela, fomentada por muchos gobiernos, algunos centros han decidido utilizarlas con medida. En Tailandia, el Ministerio de Educación ha regalado una tablet para cada alumno desde los 7 años. Pero en Moo Baan Dek[12] solo hay dos por clase y las usan una hora al día: «Queremos ponerlas en su lugar, integrarlas en la relación social con el profesor y los compañeros. Los niños necesitan estar acompañados, recibir contacto emocional y físico», explica Rajani Thongchai, la directora.

12. <http://www.ffc.or.th/mbd/>.

Los padres solemos temer que nuestros hijos se aburran (tal vez por eso, a lo largo de la historia se han inventado tantos artilugios para tenerlos «entretenidos») y, muchas veces, también nos preocupa que jueguen demasiado «y no aprendan». Cuando les vemos disfrutar, afanados de aquí para allá, murmurando cualquier historia incomprensible, mientras cambian sin cesar las cosas de sitio, nos parece imposible que del caos que generan pueda surgir algo medianamente interesante y útil. Aunque nos cueste entenderlo, los niños necesitan crear ese desorden para poder elaborar a partir de él, progresivamente, sus propias estructuras, mediante un proceso de transformación personal.

El secreto mejor guardado

Generalmente incomprendido por los adultos, el juego infantil suele considerarse una pérdida de tiempo y, como señala el educador americano Chris Mercogliano, «los múltiples aprendizajes que los niños adquieren a través de él, constituyen uno de los secretos mejor guardados de nuestra cultura».

Jugar es una inclinación natural del ser humano en crecimiento, un aspecto fundamental de su proceso de maduración, un instinto que resulta casi imposible suprimir... Es un derecho de la infancia reconocido oficialmente en los tratados internacionales. Y, sin embargo, a fuerza de no ejercitarlo, de tener que reprimirlo, los niños de hoy podrían estar perdiéndolo. Hace más de una década, el destacado psicólogo norteamericano David Elkind dio la voz de alarma: desde la década de 1980, el tiempo destinado al juego espontáneo ha disminuido más de un 60 %; la infancia ha perdido entre doce y quince horas semanales de ocio no dirigido. Hoy, las cifras podrían incluso ser más alarmantes...

De mil formas extremadamente sutiles, con la disposición de las ciudades, el imperio de los coches, las normativas municipales, el miedo, las exigencias académicas, el ocio organizado, la proliferación de pantallas... o simplemente el que no existan lugares acondicionados para ello, el mundo adulto transmite a la infancia que jugar libremente no es una actividad recomendable. Sin embargo, se trata de un elemento esencial para un desarrollo infantil saludable. Su importancia no ha dejado de ser destacada y documentada desde hace más de un siglo, por conocidos psicólogos y educadores de la talla de Piaget, Vigotsky y María Montessori. Existen numerosos estudios y una abundante bibliografía que demuestran sus ventajas sobre cualquier otra forma de aprendizaje, para desarrollar todos los tipos de inteligencia y adquirir cualquier concepto, de las matemáticas al lenguaje, pasando por las ciencias o las relaciones sociales.

LOS BENEFICIOS DEL JUEGO

En el ámbito físico, los niños ejercitan, a través de él, sus capacidades motoras; liberan, renuevan y equilibran su energía, aprenden a coordinar sus movimientos y a dirigir sus esfuerzos e intenciones hacia las metas que ellos mismo se fijan. A nivel intelectual, desarrollan la atención y la concentración, así como la habilidad de solucionar problemas, el razonamiento, el lenguaje, la creatividad y la imaginación... Jugando, también expresan y elaboran emociones que muchas veces son incapaces de exteriorizar con palabras, se proyectan en personajes y situaciones reales e imaginarios, desarrollan comprensión y empatía hacia otras personas, y experimentan nuevas vivencias, sin tener que asumir las consecuencias o los límites de sus acciones. El juego desarrolla su personalidad, su autoestima, la confianza en sí mismos, el sentido de autonomía e independencia y la autodisciplina. En el plano social, incorporan muchos aspectos de su cultura, aprenden el funcionamiento del grupo en el que viven, ensayan posibles conductas y se preparan para la edad adulta.[13] También aprenden a cooperar, a compartir, a negociar, a ganar y a perder...

Además, el juego mejora su salud, su bienestar emocional y su estado de ánimo: alivia el estrés, la ansiedad, la depresión, la agresividad, los problemas de sueño..., y les ayuda a adquirir hábitos saludables.

Para beneficiarse de todas sus ventajas, es fundamental que lo practiquen de forma libre, espontánea y autorregulada, sin más fin que el placer de jugar, ni más reglas que las elaboradas por los participantes. Entre los tipos de juego que pueden desplegar los niños y niñas pueden citarse:

- **Los de movimiento:** saltar, trepar, deslizarse, subir a un árbol... favorecen la madurez del sistema vestibular, responsable del sentido del equilibrio, y tienen una incidencia directa en las habilidades psicomotoras, contribuyendo a construir la noción de espacio.

- **De manipulación:** algo tan sencillo como tirar una piedra, u otro objeto, al suelo, modelar arena o barro y llenar un cubo de agua ofrece las bases sensoriales para que se vayan integrando, intuitivamente, conceptos físicos tan complejos como la densidad, el volumen y la gravedad. Ayudan a madurar, estructurar y coordinar diversas áreas cerebrales: la mano es un elemento integrador y está representada en amplias zonas del cerebro.

- **Simbólicos y representativos:** acompañan el desarrollo de las capacidades de simbolización, en la base de los procesos de abstracción y razonamiento, creación, comunicación y relación socioafectiva. A través de ellos elaboran, con sus propias acciones, el contenido de las imágenes de las pantallas: se las apropian, las recrean y las convierten en otra cosa. Gracias al juego simbólico elaboran, integran y asimilan duelos, situaciones emocionales difíciles, etc.

13. En todas las sociedades, los niños juegan principalmente a lo que hacen sus padres: si son agricultores plantan; si ganaderos, cuidan animales.

- **De reglas:** aparecen como una necesidad de regular las relaciones y fijar un marco estable para el vínculo social. Aprender a fijar límites, negociar acuerdos...

¿Jugar o entretenerse?

Como puede observarse, el ocio con máquinas no encaja fácilmente en ninguna de estas categorías y, sin embargo, está cambiando el paisaje infantil, e incluso el sentido de la palabra «jugar». Hasta hace unos años, cuando alguien decía: «el niño está jugando» imaginábamos a una criatura dando patadas a una pelota, o tal vez acunando una muñeca. Hoy, la misma frase seguramente nos hará pensar en alguien con los ojos fijos en una pantalla, apretando sus botones con insistencia. La tecnología y la forma de vida moderna están transformando la vivencia y el concepto de juego. Pero manejar pantallas debería considerarse más bien una forma de entretenimiento: por muy interactivas que sean, nunca ofrecen la flexibilidad y plasticidad necesarias para que pueda hablarse de un auténtico juego. La libertad y espontaneidad que las criaturas humanas vienen desplegando instintivamente, probablemente desde los orígenes de la especie, requiere algunas de las siguientes características: integración sensorial, que estimula todos los sentidos y permite articular y coordinar las distintas percepciones; movimiento y acción en la que participa todo (o casi todo) el cuerpo; transformación del objeto (por ejemplo, convertir un palo en un caballo, o un plátano en un teléfono); expresión personal (de emociones, vivencias, preferencias...), descubrimiento de uno mismo y del entorno; interacción y comunicación (tiene un elemento relacional importante, de contacto físico directo); ficción, creación e imaginación que despliega el propio jugador (la realidad se simula, se crea y se recrea).

Prevención y terapia

La falta de juego activo, libre, creativo, físico y de movimiento podría ser una de las múltiples causas del TDAH y otros trastornos infantiles. Al menos, eso parece desprenderse de las investigaciones de neurocientíficos como Gary Small y Jaak Panksepp. Ya hemos comentado los hallazgos de Panksepp sobre la forma en que las tradicionales peleas simuladas (que recuerdan los achuchones de los cachorros de muchas especies de mamíferos) estimulan la producción de dopamina, una neurohormona que favorece la concentración, y que nuestro cerebro tarda un tiempo (variable según la persona) en empezar a producir. Tal vez por eso, después de un movimiento intenso, los propios niños y niñas suelen orientarse, de forma natural, hacia actividades más tranquilas.

Asimismo, el papel del juego en el desarrollo cognitivo (atención y concentración), y su valioso efecto terapéutico sobre las emociones, lo convierten en un inmejorable método de prevención. Padres, madres y maestros deberíamos animarles a jugar todo lo posible, creando espacios lo suficientemente estimulantes, que les animen a iniciar diferentes tipos de juegos. No se trata de ofrecerles los últimos avances en juguetería, sino ambientes que, según la edad y el momento evolutivo, pueden ser extremadamente sencillos y contener, por ejemplo, elementos naturales como agua, tierra, piedras, semillas, cortezas, arena, plantas, animales...; juguetes no estructurados como cartas y otros juegos de mesa, una muñeca, pintura y papel, tijeras y cola...; objetos de reciclaje como tetrabriks, cajas de cartón, trapos viejos, trozos de madera, una escoba... Por lo general, los niños prefieren utensilios de la vida cotidiana, elementos concretos, cercanos al mundo real, más que los diseñados especialmente para ellos. Sin olvidar a los compañeros de juego, pequeños y grandes: padres y educadores siempre que seamos suficientemente respetuosos, les dejemos guiar y dirigir creativamente la evolución del juego, dentro de unos límites mínimos de seguridad e integridad personal. Siguiéndoles, podemos adentrarnos en un mundo de fantasía, gozo y sensaciones que nos harán sentir más vivos y nos aportarán placer y disfrute. Son muchas las cosas que pueden hacerse para fomentar el juego libre en las familias, escuelas y ciudades, como la creación de espacios acondicionados y grupos de juego, el acercamiento a la naturaleza y la gestión de la tecnología, de las que ya hemos hablado. Pero tal vez lo más urgente sea empezar a desvelar, a difundir públicamente el «gran secreto» del juego: su capital importancia y los incontables beneficios que aporta para la infancia. Emprender campañas de sensibilización, formar a padres y educadores, y convencer a la sociedad, en su conjunto, de que jugar es algo muy serio, el mayor tesoro, la principal fuente de salud, alegría y aprendizaje para nuestra especie.

En las escuelas, el exceso de actividades didácticas, mayoritariamente dirigidas por adultos, podría sustituirse por la creación de ambientes que estimulen la actividad lúdica libre, según las necesidades de los pequeños, en las diferentes etapas de su desarrollo. Y volveríamos a habitar las calles, plazas, barrios y ciudades, transformándolas en lugares seguros donde los pequeños puedan mancharse, correr, saltar, subir y bajar llenos de gozo, sin demasiadas trabas ni más límites que los estrictamente necesarios.

Entonces, los adultos tomaríamos conciencia de la forma en que contribuimos a incentivar y fomentar el instinto de juego de los niños y, también, de todas las maneras en que tendemos a frenarlo. Trabajando nuestros miedos, y construyendo la confianza en nuestras relaciones con las criaturas, el juego recuperaría un lugar preponderante en el desarrollo infantil y todos nos veríamos beneficiados, porque ¿acaso hay en el mundo algo más hermoso que escuchar la risa de los niños jugando?

«El cole es lo peor que me ha pasado en la vida», afirma Carlos (7 años), diagnosticado con hiperactividad. Desde que empezó segundo ciclo de infantil, el pequeño se queja de que las maestras le obligan a quedarse sentado casi toda la mañana; a menudo confiesa aburrirse. Carlos es un crío muy vital y un poco testarudo. Como muchos otros, encuentra dificultades para comprender y adaptarse a lo que la escuela espera de él; tal vez simplemente porque, como asegura su madre, «es diferente».

Aunque la naturaleza de la infancia no ha cambiado sustancialmente, cada vez hay más niños y niñas que parecen distintos a «los de antes». Como he tratado de exponer, sus condiciones de vida (que incluyen las expectativas de los adultos) se han modificado drásticamente en los últimos treinta o cuarenta años, hasta el punto de que los entornos donde crecen no responden a sus necesidades más naturales.

Aun así, muchas personas continúan empeñadas en que los pequeños se adapten porque entienden la crianza y la educación como la actividad de modelar una materia amorfa o de escribir sobre un folio en blanco. Su objetivo es conseguir que los nuevos miembros del grupo encajen mecánicamente en una sociedad perfecta... que permanece inmutable. Y seguramente eso mismo intentan, a su manera, las criaturas, tanto las que tienen éxito, como las que, a pesar de todo, fracasan...

Sin embargo, para los grandes pedagogos de todas las épocas, el propósito de la educación es la emancipación del ser humano, su (auto)construcción como persona libre, autónoma y soberana. Algo que expresa muy bien Philippe Meirieu, profesor en la Universidad de Lyon, cuando afirma: «La ciencia y la experiencia nos muestran que la domesticación es siempre más eficaz para producir individuos conformes, formateados, adaptados a la sociedad. Pero es algo que personalmente rechazo, porque un niño no es un objeto y educar no es fabricar una marioneta o una muñeca».

Desde este punto de vista, no son los niños y niñas quienes deberían adaptarse: la misión y el sentido de la institución educativa es esforzarse por identificar, comprender y responder creativamente a las transformaciones del mundo infantil, buscando la manera de satisfacer sus necesidades actuales.

La misma opinión expresan profesionales como Fátima Guzmán, de la Fundación Educación Activa, que llevan años trabajando para mejorar la situación de la infancia con dificultades y, en particular, con TDAH: «El principal escollo de estos chavales son los coles. Si el sistema académico se adaptara, fuera más práctico y menos memorístico, saldrían adelante».

Bienestar y aprendizaje

Necesitamos una escuela, añadiría yo, con la suficiente dosis de sensibilidad y humanismo como para reconocer que la salud y especialmente el bienestar emocional constituyen una base ineludible para el desarrollo de la inteligencia, en general, y de las capacidades cognitivas, en particular. Para admitir que los niños sanos y felices (lo que no significa necesariamente «normales») son curiosos por naturaleza y están deseosos de conocer y comprender el mundo. Para asumir que obsesionarse con los aprendizajes cognitivos, descuidando sus necesidades motoras, sensoriales, afectivas, emocionales e incluso espirituales, es empezar a construir la casa por el tejado, producir exclusión e invalidez.

Además de las emociones, la escuela podría abrirse a cultivar otras formas de inteligencia y no solo la lógico-racional, ejercitada casi machaconamente en lengua y matemáticas, las disciplinas «estrella» del currículo. La desvalorización y progresiva marginación de las actividades artísticas, musicales y manuales hace que muchos niños y niñas, con predominancia cerebral del hemisferio derecho (cuya función integradora está relacionada con facultades espaciales, sensoriales y emocionales), no encuentren su lugar en las aulas. La predominancia de la lectoescritura y otros métodos secuenciales que desmenuzan «didácticamente» los contenidos (a veces hasta perder completamente de vista su sentido y su globalidad) beneficia a quienes pueden sentarse tranquilamente, soportan bien la rutina, manejan fácilmente abstracciones, responden a motivaciones externas y absorben información, principalmente escuchando. En cambio, pone en desventaja a los que necesitan actividad y movimiento, a aquellos que aprecian la novedad, aprenden mejor con lo concreto y lo práctico, responden a motivaciones internas y su estilo de aprendizaje es más visual que verbal y auditivo.

Una de mis amigas, una persona extremadamente creativa, trabaja en el ámbito de la publicidad y siempre encuentra nuevas ideas, formas diferentes de plantear y resolver los problemas. Suele contar que, cuando era pequeña, se aburría mucho en el colegio y se pasaba las horas mirando por la ventana, fantaseando aventuras con amigos imaginarios. Desde fuera parecía distraída pero, en realidad, tenía una rica vida interior, todo un universo que ella misma había creado, muy distinto al de cualquier otra niña de su edad. A veces lamenta no haber podido desarrollarlo como le hubiera gustado, haberlo vivido desde una especie de marginalidad; pero se alegra de poder conservar su «vocación» y tener hoy un trabajo donde puede emplear todas sus capacidades.

Para que niñas y niños como mi amiga puedan realizar todas sus potencialidades resulta urgente reinventar y/o recrear una escuela más sensible, flexible, acogedora y respetuosa con las diferencias, adaptada a las condiciones y características de los niños y niñas de hoy. Desarrollar e implementar modelos educativos que puedan ser herramientas clave en la prevención de numerosas dificultades, déficits y trastornos; capaces de evitar (en lugar de producir) sufrimientos innecesarios para la infancia, sus familias y educadores. Enfoques cuya orientación humanista permitiría: sustituir la noción de enseñanza por la de cuidado; atender a las emociones; eliminar etiquetas que contribuyen a crear y fijar (más que a resolver) los problemas; acoger y trabajar con las múltiples inteligencias y los diversos estilos de aprendizaje; respetar los distintos ritmos de cada persona; flexibilizar el currículo y centrarlo en los intereses y la actividad de los alumnos; individualizar y personalizar la enseñanza y la evaluación; favorecer el movimiento autónomo; fomentar la participación en comunidades igualitarias; abrirse al entorno natural y social; conseguir una gestión racional y equilibrada de las tecnologías... A continuación ofrecemos algunos ejemplos que constituyen interesantes pistas de trabajo en este sentido.

Atender a la singularidad de cada niña y cada niño

Una de las características de la hiperactividad/impulsividad, según el doctor Russell Barkley, «es la dificultad para encontrar una motivación intrínseca en las tareas»; si estamos hablando de las tareas escolares, no es de extrañar que a muchos alumnos les resulte difícil apasionarse por actividades que les han sido impuestas. El propio Barkley reconoce que los síntomas del déficit de atención desaparecen cuando los críos tienen algo interesante que hacer, o reciben una mínima atención por parte de los adultos. La fatiga mental se produce más fácilmente cuando nos enfrascamos en labores que no nos interesan; en cambio, si hacemos cosas que realmente nos gustan, el tiempo vuela y raramente nos sentimos cansados. La mayoría de los estudios sobre fracaso escolar en nuestro país hacen referencia al profundo desinterés que sienten los jóvenes de hoy hacia lo que les ofrece el sistema educativo. Los profesores, que utilizan aún mayoritariamente la técnica de las presentaciones en sus clases, piensan que «han transmitido el mensaje» cuando consiguen que sus alumnos les escuchen inmóviles y en silencio. Sin embargo, todo el mundo sabe lo fácil que puede llegar a ser «estarse quieto y atento» en el aula, mientras tu mente vuela a otro lugar... Cuando tenemos la oportunidad de elegir lo que deseamos hacer, podemos desarrollar una auténtica motivación personal, independiente de cualquier sistema de recompensa exterior. En esta idea se basan los planteamientos educativos de iniciativas como la Albany Free School,[14] situada en un barrio desfavorecido del estado de Nueva York (Estados Unidos), que desde 1969 acoge a niños y niñas con serias dificultades de aprendizaje y comportamiento. Al menos la mitad de sus alumnos sufrieron los efectos negativos de los fármacos y las etiquetas de los que hemos hablado en el capítulo «Una epidemia moderna», hasta que sus padres decidieron probar un enfoque distinto.

Convencidos de que muchos problemas infantiles tienen su origen en entornos escolares incapaces de apoyarles, de comprender sus naturalezas y satisfacer sus necesidades, los educadores de la Albany trabajan desde una atención compasiva hacia la situación, características y cualidades únicas de cada ser individual en crecimiento. Su labor se basa en los siguientes principios:

- **Cada alumno tiene su trayectoria particular de desarrollo**, es un individuo singular con desafíos específicos. No importa a qué edad empieza a leer o a calcular, porque todos son diferentes y están listos para aprender distintas cosas en momentos distintos. No existe lo que suele llamarse «un niño típico», ni es posible comparar a unos alumnos con otros. Los percentiles, las tablas de crecimiento y las programaciones didácticas no deben tomarse

14. <http://www.albanyfreeschool.org>.

al pie de la letra. El único referente es la propia persona para sí misma. «Cuando etiquetamos a los niños, les enviamos implícitamente el mensaje que "algo está mal en ellos"; además, la etiqueta nos impide ver diferencias significativas en sus ritmos de desarrollo, su estructura emocional y sus estilos de aprendizaje —afirma Chris Mercogliano, uno de los profesores—. Conduce a tratarlos a todos de la misma forma y hace mucho más difícil descubrir sus necesidades individuales».

- **Aprender es un acto de libertad** y nadie puede obligarlo ni forzarlo. Requiere confianza y responsabilidad (en vez de coerción), y un respeto al derecho inalienable de cada niño a decir «No». Los estudiantes aprenden mucho más rápido, y más fácilmente, cuando su motivación viene del interior; se comportan mejor cuando se confía en ellos y se les da la oportunidad de responsabilizarse de sí mismos y de los demás.

- **La escuela es una organización igualitaria,** en cuyo gobierno se implican directamente los alumnos. Las comunidades auténticas son inclusivas por naturaleza y todos sus miembros velan por el bienestar del conjunto: toleran las diferencias individuales y los comportamientos atípicos; valoran la cooperación en lugar de la competición y no permiten que nadie se quede atrás. Todos sus miembros participan en la elaboración y aplicación de las reglas de convivencia, basadas en la seguridad y el respeto.

- **La salud emocional de los niños es lo más importante,** ya que los alumnos felices son buenos estudiantes y excelentes compañeros. La mayoría de las dificultades escolares están relacionadas con problemas emocionales. Todas las criaturas, pero especialmente quienes se esfuerzan por instalarse en el mundo, necesitan amor y contacto, una atención cálida especial, en lugar de frías clasificaciones y calificaciones. «En vez de centrarnos en sus déficits, les ayudamos a identificar y desarrollar sus talentos», cuenta de nuevo Mercogliano. La comunidad escolar es un entorno terapéutico basado en la libertad, el respeto a las diferencias, la confianza y la seguridad emocional y afectiva.

- La estructura de la escuela y sus procesos de enseñanza-aprendizaje son lo suficientemente flexibles y fluidos, centrados en las cualidades, necesidades e intereses exclusivos de cada niño. En lugar de un currículo estandarizado, idéntico para todos, la Albany Free School tiene más de 50 (uno para cada estudiante), centrados en su curiosidad, gustos, deseos, capacidades y ritmos particulares.

Muchos de los alumnos diagnosticados con algún tipo de trastorno necesitan descargar y renovar su exceso de energía: la escuela les permite estar activos tanto como deseen, ofreciéndoles amplios espacios de juego y deporte, áreas de trabajo manual, como la carpintería, y muchas oportunidades de actividad física, especialmente al aire libre, en el huerto y en la pequeña granja de animales.

Pese a sus orígenes, generalmente humildes, y a las dificultades familiares, sociales y escolares a las que se han enfrentado a lo largo de sus vidas, los alumnos de la Albany Free School consiguen integrarse en la sociedad y llevar una vida digna; muchos de ellos acceden a la universidad y emplean sus talentos en beneficio de todos. La experiencia de esta escuela, y la de muchas otras, es un claro ejemplo de que es posible educar de otra forma a los distraídos y los inquietos.

Respetar los ritmos

La mayoría de las dificultades de aprendizaje no tienen un origen orgánico —asegura Peter Breggin—; están causadas por forzar la enseñanza cuando los niños todavía no están preparados ni dispuestos a implicarse por sí mismos en el aprendizaje.

Debido al rechazo de etiquetas y segregaciones, en las escuelas innovadoras de todo el mundo que he tenido la oportunidad de visitar durante los últimos trece años, no existen alumnos problemáticos, sino simplemente personas, todas distintas, cuya particularidad y singularidad debe ser respetada. Junto a los aprendizajes adquiridos fuera del aula (no controlados por los adultos, pero generalmente reconocidos e integrados en el proceso educativo), las clases suelen ser espacios flexibles e individualizados, con pocos estudiantes, grupos heterogéneos y una gran variedad de enfoques metodológicos. Según su edad, conocimientos e intereses, cada estudiante trabaja sobre contenidos distintos: nadie les compara ni les clasifica y se despliegan estrategias de colaboración, en lugar de competición. Muchos de los síntomas «desadaptativos» se transforman en cualidades valoradas, con las que es posible crecer y aprender.

Este ha sido el caso de Clara (19 años), estudiante de Bellas Artes en la universidad. Cuando tenía 7, le diagnosticaron dislexia y un posible déficit de atención. Pasó por varios centros, pero en ninguno conseguía avanzar con la mayoría, se sentía torpe y fracasaba. Tratando de comprender el problema, su madre llegó a la conclusión de que el fallo no estaba en su hija, sino en el funcionamiento excesivamente rígido y uniforme de la mayoría de las escuelas, que no le permitían seguir su propio ritmo. Y decidió buscar alternativas.

Clara explica:

Tengo problemas para deletrear palabras y escribir en orden; también algunas dificultades con las matemáticas. En Summerhill[15]

15. <http://www.summerhillschool.co.uk>.

[la escuela inglesa donde finalmente completó su escolaridad] descubrí que la dislexia no es una enfermedad ni un defecto: solo una forma diferente de pensar. Mis profesores sabían que me resulta más fácil razonar con imágenes que con palabras y me ayudaban a hacer asociaciones con fotos, dibujos, gráficos... Jamás me etiquetaron, siempre me apoyaron.

Flexibilizar el currículo trabajando por proyectos y áreas transversales, reducir y personalizar los ritmos, emplear formas de evaluación más didácticas y menos competitivas que los exámenes, y minimizar y renovar la práctica de los deberes son algunas de las medidas que algunos centros están tomando para que la educación recupere su finalidad y su sentido auténticos. En lugar de empujar a sus alumnos a una carrera por producir «el expediente impecable de un estudiante perfecto», se preocupan por cultivar el bienestar, la curiosidad, la inteligencia y la creatividad innata de niños y niñas.

EDUCACIÓN LENTA

En nuestro país, el pedagogo Joan Domènech defiende una propuesta de «educación lenta», basada en los planteamientos de Carl Honoré y el movimiento Slow.[16] Un enfoque cualitativo de los procesos de enseñanza-aprendizaje cuyo objetivo es devolver el tiempo a las personas y a sus procesos de crecimiento singulares.

El modelo parte de un análisis de la escuela de hoy, reflejo de la sociedad industrial en que vivimos: con tiempos fragmentados tanto horizontal (las sucesivas disciplinas, los horarios) como verticalmente (niveles, ciclos y etapas), que hacen muy difícil abordar conocimientos globales y reales; dominada por la prisa y una lista interminable de objetivos que conseguir; con contenidos poco relevantes y escasa relación con las preocupaciones de los

16. <http://movimientoslow.com/>.

alumnos; con un sistema de evaluación basado casi exclusivamente en la cuantificación de los resultados; con una dinámica mecánica, que se olvida de poner en el centro de su actividad lo que realmente importa: las personas... Domènech propone introducir nuevas herramientas de análisis y de acción cuyo objetivo es ralentizar, respetar y personalizar los ritmos escolares:

- **Asumir que cualquier proceso educativo pleno es lento**, necesita un tiempo que no puede delimitarse de antemano. «Existe un desfase entre la velocidad a la que queremos enseñar y la velocidad a la que aprende el alumnado», afirma.
- **Planificar cada aprendizaje** teniendo en cuenta la imprevisibilidad de los procesos educativos, que dependerán de cada uno de los sujetos.
- **Dejar tiempo para la reflexión.** El tiempo educativo está marcado casi exclusivamente por un hacer frenético, cuando el aprendizaje requiere también momentos de juego, de diálogo, de transferencia y reflexión.
- **Educar también sobre el tiempo**, reflexionando sobre los modelos presentes en la escuela, implícitos y explícitos (como la penalización de la lentitud), y los instrumentos organizativos básicos (calendarios, horarios, agendas...).
- **Pensar el tiempo y el aprendizaje como totalidad**, con todos sus significados y sentidos. No solo se aprende en el aula; también de manera continua, en las interacciones con los iguales, con el entorno... «Debemos tejer puentes entre lo que nuestro alumnado quiere saber y lo que nosotros, como maestras, creemos que debe aprender», aconseja Domènech.

Las escuelas con este planteamiento intentan adecuar los ritmos de aprendizaje a cada alumno y alumna, respetan sus tiempos, reflexionan sobre su práctica e identifican y concretan sus finalidades e intenciones educativas. Tal vez no puedan curar la hiperactividad como enfermedad, y ni tan siquiera como fenómeno social, pero decididamente contribuyen a prevenir algunas de sus manifestaciones.

Una enseñanza para la «mindfulness»

Cuando no es posible transformar radicalmente el modelo de escuela, ni tampoco introducir cambios globales a nivel de centro, aún pueden intentarse diversas estrategias dentro del aula, o en un ciclo, para personalizar la enseñanza y prevenir dificultades. Eva es maestra de infantil en un colegio público. En cuanto detecta signos de hiperactividad o problemas de atención en alguno de sus alumnos, utiliza diversas tácticas para suavizarlos e integrarlos positivamente en el grupo: «Les presto más atención, les doy las explicaciones más despacio, les cambio de actividad con mayor frecuencia y permito que se muevan dentro de un orden, confiándoles alguna responsabilidad», explica.

Además de estas sencillas medidas, algunas maestras sustituyen las tradicionales fichas, libros y esquemas por materiales concretos que se pueden tocar y sentir. Organizan las clases por rincones temáticos, reducen el tiempo de exposición del profesor y dejan más espacio para la investigación concreta y el trabajo en equipo.

En el modelo de Comunidades de Aprendizaje,[17] los «grupos interactivos» favorecen la adquisición y el desarrollo de competencias, así como la convivencia, al multiplicar las interacciones entre los alumnos; los grupos se constituyen con criterios de diversidad, ayuda mutua e inclusión (combinando personalidades, culturas, capacidades, niveles...) y cuentan con la ayuda de personas adultas del entorno de la escuela: padres y madres, profesionales, miembros de asociaciones... Además de acelerar el aprendizaje de todo el alumnado, en todas las materias, esta metodología ha demostrado una influencia muy positiva sobre los valores, las emociones y el desarrollo de sentimientos como la amistad.

17. <http://www.comunidadesdeaprendizaje.net>.

También la forma de presentar los contenidos del currículo puede influir en el nivel de atención y en la motivación de los alumnos.

Ellen Langer, creadora del concepto de *mindfulness*, del que hemos hablado en el capítulo anterior, ofrece una serie de claves para organizar el proceso de enseñanza-aprendizaje de forma que fomente la atención plena.

Recordaremos que la *mindfulness* (literalmente «mente llena») es un estado de presencia, flexible, despierto, sensitivo, activo, creador de nuevas distinciones... que se ve fomentado por la novedad. Produce un aumento de competencia, disminuye los accidentes, mejora la memoria, la creatividad y los afectos positivos, reduce el estrés y aumenta la salud y la longevidad. Las tareas rutinarias, en cambio, llevan nuestro cerebro a la tendencia contraria, la *mindlesness* (literalmente «menos mente»), que favorece respuestas automáticas, centradas en el pasado, rígidas, programadas, pasivas.

Cuando accedemos por primera vez a una información, dos elementos contribuyen a que la incorporemos de un modo «*mindlesness*»:

- la repetición (por el componente rutinario que contiene),
- y su presentación desde un único punto de vista, es decir, sin cuestionarla ni buscar interpretaciones y visiones alternativas.

En sus experimentos, Langer ha comprobado que cuando aprendemos algo de un modo «*mindlesness*», es muy difícil que podamos reconsiderarlo más tarde y llegar a un nivel de comprensión nuevo, o más complejo y profundo.

Si analizamos las prácticas escolares, nos damos cuenta de que, con demasiada frecuencia, los contenidos de las distintas materias se enseñan en modo «*mindlesness*»:

- **Los hechos se presentan cerrados,** sin perspectiva y desprovistos de todo contexto: resultados científicos, acontecimientos históricos, creaciones artísticas, etc... pasan de ser meras probabilidades, puntos de vista, propuestas... fenómenos que dependen de unas circunstancias concretas, a convertirse en verdades absolutas que ocultan el grado de incertidumbre que encierran, así como los procesos a través de los cuales científicos, artistas e historiadores llegaron a esas conclusiones. Decimos, por ejemplo, que los caballos son herbívoros, sin recordar que lo son «la mayoría de las veces» y bajo determinadas circunstancias. La forma en que ofrecemos las informaciones no deja lugar a la duda, la pregunta, el cuestionamiento... **Les pedimos a los alumnos que simplemente repitan de forma pasiva los resultados,** en lugar de animarlos a investigar y reinventar creativamente los procesos que condujeron a ellos, desde sus propias circunstancias, capacidades y supuestos. Les invitamos a copiar, por ejemplo, la obra de un gran artista, o los resultados de un experimento, cuando deberíamos incitarles a crearlos por sí mismos, con sus propios recursos, de forma que puedan apropiárselos, hacerlos suyos, no solo con la memoria sino también con todo el cuerpo.

No es de extrañar que los conocimientos así adquiridos se reproduzcan mecánicamente, con independencia del contexto, que seamos incapaces de utilizar la información de forma creativa o de pensar de una manera crítica. Tampoco sorprende que los alumnos se aburran, pierdan el interés, se despisten y se muevan continuamente.

Necesitamos una educación decididamente innovadora, capaz de transmitir procesos de creación vivos en lugar de exigir la repetición de hallazgos pasados y ajenos, de contenidos muertos; interesada en relacionarse y participar en la autoconstrucción de sujetos activos, apasionados, que partiendo de sus intereses y motivaciones consiguen apropiarse y recrear su propia cultura... Una escuela, en definitiva, cuya misión es acompañar el desarrollo de personas sanas, felices, creativas, flexibles y libres.

Frente a este urgente y fundamental desafío, preocuparse por que los niños y niñas se estén quietos y atiendan parece un falso problema, banal, insípido y demasiado simple para que merezca la pena, si quiera, reflexionar sobre ello...

POR UNA AUTÉNTICA PREVENCIÓN

ANTES DE SENTENCIARLES

Tal vez has leído este libro porque sospechas que uno de tus hijos/as, familiares o alumnos pudiera sufrir TDAH. Quizás estás preocupada, incluso desesperada, «ya no puedes más» y te dispones a dar el primer paso para que le diagnostiquen y, si es necesario, le mediquen. Es tu elección como madre, padre o profesor: tú le conoces bien, y sabes qué es lo mejor...; aunque es deseable que, en la medida de lo posible, la persona afectada participe también en la decisión y se implique en todo el proceso. Pero, si aún te queda un poco de energía, te animo a que os deis una última oportunidad: imagina que el problema quizá no esté en su organismo sino en su situación actual, en sus condiciones de vida... y date un tiempo para explorar los factores ambientales que pueden estar afectando su comportamiento. Con un poco de paciencia, y buena voluntad, siempre es posible introducir pequeños cambios para mejorar el entorno. A la larga, te sentirás mejor por no haber actuado con demasiada rapidez, y él o ella te lo agradecerán sincera y silenciosamente, con una amplia sonrisa.

Mantén la calma, respira hondo. Piensa que hay muchas más probabilidades de que se trate de cualquier otra cosa; confía en que, de uno u otro modo, esto también pasará: los niños y niñas son personas en crecimiento, están continuamente cambiando.

Sus procesos de desarrollo se ven alterados, inevitablemente, por etapas de crisis que resultan imprescindibles para avanzar; a menudo difíciles de sobrellevar, siempre nos dejan el regalo de una maravillosa transformación y, si somos capaces de vivirlos sin que afecten a nuestros vínculos profundos, la relación con los pequeños suele salir fortalecida.

Registro de observaciones inicial

Antes de nada, observa cuidadosamente al niño o la niña y, si es necesario, anota la respuesta a las siguientes preguntas, tratando de registrar datos y hechos concretos:

¿Cómo está su energía, su condición física?

- ¿Ha tenido recientemente alguna enfermedad?
- ¿Su estado de salud general es bueno?
- ¿Come y duerme suficientemente?
- ¿Está lleno de energía o parece cansado y apagado?

¿Cómo están sus capacidades motoras?

- ¿Sus movimientos son fluidos y armónicos?
- ¿Da la impresión de sentirse seguro en sus desplazamientos?
- ¿Pide ayuda con frecuencia?
- ¿Dispone de suficiente espacio y tiempo para moverse libremente?
- ¿Le gusta explorar nuevos territorios? O, por el contrario, ¿pasa demasiado tiempo sentado?

¿Cómo está su sensibilidad?

- ¿Dirías que sus sentidos están abiertos? ¿Le gusta investigar, tocar, oler... sentir el mundo que le rodea?
- ¿Dispone de suficientes elementos sencillos y naturales que estimulen su impulso de conocimiento sensorial?
- ¿Pasa rápidamente de unas cosas a otras o se queda largo tiempo embelesado con una sola?
- ¿Se distrae con facilidad? ¿Se concentra fácilmente en aquello que le interesa?
- ¿Cuál es su estado emocional y afectivo? ¿Ha habido recientemente algún acontecimiento o cambio importante en su vida (mudanza, alteraciones en la familia, en el cole, en su grupo de amigos...)? ¿Ha sufrido algún tipo de pérdida (una mascota, un amigo, un familiar...)? ¿Se ríe con frecuencia? ¿Parece feliz? O por el contrario ¿a menudo está triste, taciturno o enfadada? ¿Expresa con facilidad sus sentimientos? ¿Cuenta sus problemas, lo que le aflige o le preocupa? ¿Cómo está la familia en general? ¿Cómo se encuentran sus padres, sus seres queridos?
- ¿Disfruta de momentos de juego y ocio? ¿Dispone de tiempo suficiente para jugar libremente? (Recuerda que, hasta más o menos los 10 o 12 años, se necesitan unas tres o cuatro horas diarias de juego espontáneo.) ¿Tiene compañeros de juego? ¿Suficientes oportunidades de encuentro con otros niños y niñas? ¿Cómo se distribuyen sus jornadas entre la escuela, las tareas, el ocio? ¿Dirías que su agenda está saturada, con muchas actividades extraescolares? ¿Dispone de oportunidades para «aburrirse» y no hacer nada? ¿En qué emplea principalmente su tiempo libre? ¿Cuáles son las cosas que más le gusta hacer? ¿Cuánto le dedica diariamente a las pantallas (no olvides agregarlas todas)? ¿En qué momentos del día? ¿En

qué lugares? ¿Utilizas el tiempo-máquina como premio o castigo? ¿Planificáis, diariamente si es posible, momentos para disfrutar en familia?

- ¿Su entorno de vida es sano? ¿tiene acceso a espacios naturales? El medio donde vivís ¿parece saludable? O por el contrario ¿está contaminado (polución atmosférica, acústica...)? ¿Dispones de zonas verdes en tu domicilio y sus alrededores?¿Tenéis plantas y animales en casa o en lugares cercanos?¿Salís con regularidad a parques y jardines? ¿Cómo se distribuye el tiempo de ocio familiar?¿Con qué frecuencia organizáis excursiones al campo?

- ¿Cómo es su escuela? ¿Dispone de suficientes espacios y momentos de juego y movimiento autónomo? ¿Favorece el contacto con la naturaleza, las actividades al aire libre? ¿Respeta los ritmos de los niños? ¿Atiende a su diversidad, su singularidad? ¿Incluye y aprecia las diferencias en vez de catalogarlas? ¿Valora e incorpora los intereses personales de los alumnos en el currículo? ¿Fomenta su participación en el gobierno del centro? ¿Les da responsabilidades? ¿Utiliza métodos de enseñanza, aprendizaje y evaluación innovadores, prácticos, concretos?

- ¿Está implicada en algún programa para favorecer la movilidad autónoma de los niños, como ir andando o en bici al cole?

Un plan de acción

A partir de las anteriores observaciones, puedes trazar un plan de acción que contenga algunas de las siguientes propuestas:

- **Si necesitas la opinión de un especialista,** asegúrate de que esa persona te inspira confianza, es lo suficientemente honesta y abierta, se toma su tiempo para estudiar a la criatura, tratando de comprenderla desde su lógica interna, en lugar de medirla y compararla con otras, y da más importancia a su bienestar, que a los resultados escolares...

- **Dispón de momentos para compartir las aficiones** que tengáis en común. Disfrutar haciendo las cosas que nos gustan es una excelente manera de fortalecer nuestros lazos afectivos y crear vínculos basados no en la obligación, sino en el placer de estar juntos. Piensa en las cosas que te interesan y que también agradan a tus niños: puede ser pescar, cocinar, pintar o hacer cualquier tipo de manualidades, la música, el cine, los animales, la filatelia...

- **Programa salidas diarias a parques y jardines.** Si no dispones de mucho tiempo, puedes desplazarte allí para comer sobre la hierba, en lugar de hacerlo en casa; ir después a dar un paseo, a jugar un rato, a echar la siesta... Cualquier momento es bueno para estar al aire libre, en contacto con la vida.

- **Participa en la creación de clubs de naturaleza con familias vecinas,** para identificar los tesoros verdes que os rodean, conocer y cuidar las plantas y animales de vuestro entorno y organizar salidas al campo. **Crea grupos de juego en lugares seguros** con familias del barrio o la zona donde vives, mejor si es al aire libre. Si les dais la oportunidad de jugar espontáneamente, unas pocas normas y algunos materiales sencillos son suficientes.

- **Observa a tu hijo/alumno en la naturaleza:** cómo se comporta, cómo se expresa, qué tipo de actividades realiza espontáneamente, qué efecto tienen sus estancias verdes sobre su estado de ánimo, su comportamiento, su capacidad de concentración y sus resultados. Y házselo notar...

- **Ofrécele una «tregua escolar»:** que durante un tiempo su bienestar sea más importante que el rendimiento académico. Deja los deberes para más tarde, después de que haya podido satisfacer su necesidad de juego y movimiento. Quita presión y dale menos importancia a los exámenes. Piensa que tiene toda la vida por delante para ser competitiva. Y defiende tu decisión frente a quien sea necesario. Hazle saber que es más importante para ti que sus notas o sus logros, por muy espectaculares que sean.

- **Trata de gestionar el tiempo que pasa ante las pantallas de forma racional y positiva,** sin imponer restricciones, como castigo, sino más bien ofreciendo alternativas. Prueba a hacer un «Día sin pantallas» para toda la familia y analiza después con todos los miembros sus resultados, cómo os habéis sentido, las ventajas y también los inconvenientes.

- **Dedica un tiempo especial, cada día, para estar con él o ella sin hacer nada en concreto:** simplemente te muestras disponible, centras en ella toda tu atención, aceptas sus propuestas de juego (siempre que sean respetuosas y puedas disfrutarlas), y aprovechas para darle, si lo acepta, contacto físico de piel a piel (con las manos, los brazos, el cuerpo) o contacto ocular. Recuerda que, para una criatura, el amor, se expresa con la presencia. **Durante esos momentos, estate atenta** a lo que está transmitiendo, qué te están diciendo, qué tipo de juegos elige y cómo establece su relación contigo, qué papel te ofrece, cómo te hace sentir....

- **Asegúrate de que en su escuela disponen de suficiente tiempo para jugar y estar al aire libre.** Que respetan los ritmos de cada alumno y no son excesivamente competitivos, sin demasiados exámenes ni «camiones» de deberes. Que ponen por delante las necesidades e intereses de las personas antes que las exigencias del currículo, y que tratan de innovar en sus enfoques y metodologías. Si no es el caso, puedes tratar de influir hablando con los profesores directamente o desde la asociación de madres y padres. Puedes recomendarles que se lean este libro... y alguno más de la bibliografía... Lo mismo puedes hacer si eres maestra o maestro.

• **Céntrate en el interés del niño o la niña.** Padres y educadores tenemos un objetivo común: fomentar el bienestar de los pequeños. De nada sirve que nos echemos mutuamente las culpas. Nuestra responsabilidad es trabajar juntos, creativamente, cada cual a su nivel, con sus posibilidades, ofreciendo lo mejor de sí mismo...

APOYAR A LAS FAMILIAS

El proceso de formación de un ser humano es extremadamente complejo. Debido a la bipedestación, una elección que nuestra especie tomó hace miles de años, nacemos totalmente inmaduros y debemos completar nuestro desarrollo fuera del útero materno: un periodo denominado «exterogestación» (gestación externa) que se prolonga de nueve meses a un año, y cuya función es ofrecer a la criatura la misma seguridad, alimento y afecto que tenía dentro de su madre.

Investigadores de la talla de Michel Odent han demostrado que cuanto más tempranas son nuestras vivencias, durante los meses de embarazo, en el parto o en el periodo inmediatamente posterior, mayor es su impacto sobre nuestro sistema, sus consecuencias a medio y largo plazo en nuestro organismo. De ahí la necesidad de proteger y cuidar especialmente estas delicadas etapas de la vida. Por los estudios de neurobiología, sabemos también que la misma combinación de atributos biológicos, los mismos patrones de reactividad, están tanto en la base de cualidades humanas positivas como de características extremadamente problemáticas. Que estos rasgos genéticos se conviertan en talentos, o en trastornos y disfunciones depende de la forma en que el entorno alimenta nuestra naturaleza.

De todos los ambientes, el que más profundamente marca la personalidad humana es la atmósfera emocional en la que viven los niños durante esos primeros años críticos del desarrollo cerebral.

La experiencia de alegría extática que produce una perfecta sintonía con la madre, especialmente a través de la interacción corporal y ocular, favorece la producción de endorfinas y dopamina, que, como hemos visto, promueven nuevas conexiones en el cerebro frontal. La lactancia materna, por ejemplo, sirve como sustituto directo del cordón umbilical, al tiempo que ofrece una transición desde la completa fusión física a la separación definitiva del cuerpo de la madre. La disminución de esta práctica en las sociedades industriales se ha identificado como una de las causas de las inseguridades y problemas emocionales que aquejan a Occidente.

Para un crecimiento global saludable, el bebé necesita un entorno emocional cálido y seguro. Pero más allá del amor y de las buenas intenciones de los padres, que los bebés reciban cuidados adecuados depende también de hasta qué punto sus progenitores estén libres de estrés. Si en el entorno inmediato hay tensiones, ansiedades, fatigas, agotamiento, largas ausencias por cuestiones laborales o problemas familiares, etc., las criaturas difícilmente van a poder satisfacer su necesidad de una presencia parental atenta, segura y confiable. Por el contrario, recibirán sensaciones y emociones difíciles de digerir, que van a influir directamente en su capacidad infantil y adulta para gestionar y responder al estrés. Con el objetivo de satisfacer su necesidad de contacto, los pequeños movilizan todos los recursos a su alcance: se ponen exigentes o rabiosos, llaman la atención de la madre haciendo mil travesuras, moviéndose continuamente... lo que complica aún más los cuidados... O quizás intenten agradar por todos los medios, y al no obtener ningún resultado, se vuelven sumisos y pasivos.

En los últimos cincuenta o sesenta años, la erosión de la comunidad, la ruptura de la familia amplia, las vidas estresadas en núcleos familiares cada vez más reducidos, las presiones en las relaciones de pareja, la creciente sensación de inseguridad en nuestras vidas, los problemas económicos, el desempleo, las escasas ayudas sociales e institucionales, la pérdida progresiva de derechos sociales y de tiempo libre en el mundo laboral... están convirtiendo la crianza en una tarea realmente difícil para la mayoría de los progenitores.

Si nuestra cultura estuviera centrada en el cuidado de la vida, en lugar de en su destrucción, la sociedad y los Estados protegerían y ayudarían a las familias en la delicada y fundamental tarea de traer y criar hijos en el mundo. No solo contemplarían el derecho de las madres a elegir trabajar y que alguien se ocupe de sus hijos; también defenderían su derecho a estar con ellos (en lugar de penalizarlas), y se preocuparían por ofrecer a los más pequeños todo el afecto y el calor que necesitan.

No hay tarea más importante que alimentar física y psicológicamente a una criatura en sus primeros meses y años de vida: una verdad que debería ser ampliamente asumida y reconocida.

Incluso desde el punto de vista exclusivamente económico, su impacto en la prevención de costosas disfunciones, trastornos y enfermedades, traería inmensos beneficios, que desgraciadamente no se contabilizan. Y una sociedad más justa, compuesta de individuos felices, productivos y creativos.

RECURSOS

- *Comprendiendo el TDAH*, de Mercè Mabres (coord.), Barcelona, Octaedro, 2012.
Una reflexión colectiva sobre las causas, el diagnóstico y el tratamiento del síndrome, teniendo en cuenta la complejidad de su etiología y la influencia del entorno. Expone los aspectos contextuales que están en la base de la proliferación del trastorno, y ofrece una guía para atender esta sintomatología, así como diversos casos clínicos que muestran su aplicación y ejemplifican la complejidad psíquica y biográfica que puede subyacer en el TDAH.

- *Niños hiperactivos: cómo comprender y atender sus necesidades especiales*, de Russell Barkley, Barcelona, Paidós Ibérica, 2011.
Un experto internacionalmente reconocido en el ámbito del TDAH, ofrece en este libro consejos y estrategias concretas, aplicables en una amplia variedad de situaciones de la vida diaria, en casa y en la escuela, junto con información actualizada, para evitar que la hiperactividad se convierta en un obstáculo insalvable en la vida del niño y de su familia. Destinado a padres y educadores, desde un enfoque cognitivo-conductual.

- *De l'inhibition à l'hyperactivité*, de Bernard Golse y Hélène Lazaratou, París, PUF, 2011.
En el mundo anglosajón, la hiperactividad es uno de los problemas neuropsiquiátricos más frecuentes de la infancia; algo que no ocurre, con la misma intensidad, en otros países. Desde una perspectiva francófona, los autores constatan las grandes divergencias epidemiológicas entre diferentes culturas y abordan las principales controversias que plantea el TDAH: la definición de lo «normal» y lo «patológico», el grado de aceptación social de las dificultades infantiles... Un enfoque psicopatológico que plantea un tratamiento abierto y multidimensional.

- *Niños desatentos e hiperactivos. Reflexiones críticas acerca del trastorno por déficit de atención con o sin hiperactividad*, de Beatriz Janin, Buenos Aires, CEP, 2008.
Una mirada psicoanalítica y, a la vez, interdisciplinaria sobre el TDAH, con aportaciones, además de las de Beatriz Janin, de profesores, psicólogos, psicoanalistas y neurólogos que desarrollan su labor en los ámbitos clínico, familiar y escolar. Presenta numerosas reflexiones sobre los tipos de desatención e hiperactividad, las intervenciones posibles y su relación con otros trastornos de aprendizaje.

- *Teaching the restless. A non-Ritalin approach to helping children learn and succeed*, de Chris Mercogliano, Boston, Beacon Press, 2003.
Las historias vitales de seis chicos y tres chicas, diagnosticados de TDAH y tratados con fármacos, desde su llegada a la Albany Free School, donde basándose en un profundo respeto a la singularidad de cada alumno, sus profesores les ayudan a relajarse, centrarse, modular su expresión

emocional, tomar decisiones responsables y forjar amistades duraderas; todos ellos prerrequisitos para un aprendizaje motivado, consciente y con sentido.

- *Mentes diferentes, aprendizajes diferentes. Un modelo educativo para desarrollar el potencial educativo de cada niño*, de Mel Levine, Barcelona, Paidós Ibérica, 2003.
Cada cerebro humano está construido de una manera diferente y aprende de forma distinta. Algunos alumnos destacan en unas áreas y otros en otras. Identificar los estilos de aprendizaje propios de cada niño puede ser el camino para ayudarle a fomentar sus cualidades y minimizar sus deficiencias, con el fin de transformar el fracaso y la frustración en logro y satisfacción.

- *Manual para educadores. Qué hacer y cómo hacerlo*, de Marina Peña, Costa Rica, Programa RETO, 2008.
Un recurso de apoyo para el educador con estrategias prácticas para reconocer, comprender, resolver y atender las necesidades de los alumnos con dificultades de atención, conducta y aprendizaje. Presenta herramientas prácticas sobre intervenciones educativas, conductuales y socioafectivas, ofrece ejemplos simples, fórmulas de apoyo, guías de observación y de trabajo, que facilitan la identificación de la situación de cada estudiante.

- *La paradoja del tiempo*, de Philip Zimbardo y John Boyd, Barcelona, Paidós Ibérica, 2009.
Nuestra vivencia del tiempo es subjetiva y está condicionada por factores sociales, culturales, históricos, familiares, económicos, del desarrollo... Una orientación hacia el pasado, el presente y/o el futuro determinan en gran medida la forma en que vivimos y nuestra calidad de vida.

Actualmente, la tecnología tiende a reprogramar y reorientar nuestra relación con el tiempo, especialmente en los niños.

WEBS Y BLOGS

- http://www.nomoretests.com
  Web de un movimiento de estudiantes en contra del exceso de exámenes, con artículos e información sobre la escasa eficacia de los test para medir el aprendizaje real y sus numerosos efectos indeseables sobre el estrés, la autoestima y la salud general de los niños. Ofrece consejos para crear un grupo de acción en tu lugar de residencia.

- http://yoamoaalguiencontdah.blogspot.com.es
  Un blog creado por Jordi Badia, padre de un niño diagnosticado con TDAH, con el objetivo de recopilar y compartir informaciones alternativas sobre el síndrome y ayudar a las familias a elegir la forma de enfrentar sus problemas desde una óptica lo más abierta posible.

- http://blog.adopcionyescuela.es
  La Universidad de Coruña, en colaboración con el Centro de Atención Psicológica a la infancia ALEN, están realizando un estudio sobre las alteraciones de aprendizaje en niños y niñas que han sido adoptados (en concreto, problemas de hiperactividad, atención y autismo), cuyos resultados se harán públicos próximamente.

- http://cuandonotodossontdah.blogspot.com.es
  El blog de una madre donde cuenta su experiencia y ofrece visiones y planteamientos alternativos a la hipótesis del

déficit neuronal. Con información y consejos sobre otras formas de terapia.

- http://www.hunterschool.org
El periodista americano Thom Hartmann ha sugerido que los síntomas asociados a este «trastorno» podrían ser una conducta adaptativa y «normal» en sociedades nómadas, de cazadores y recolectores, donde son útiles habilidades como cambiar de foco y reaccionar rápidamente, tomar riesgos..., mientras dejan de serlo en las culturas agrícolas. Esta hipótesis, con la que trabajan algunos investigadores, llevó a Hartmann a crear The Hunter School, un centro de educación para «cazadores» que pretende transformar sus «déficits» en cualidades valoradas y reconocidas.

- http://www.feaadah.org/
Existen numerosas fundaciones y asociaciones dedicadas al TDAH, repartidas por todo el territorio nacional. Además de promover la investigación y colaborar en áreas educativas, de atención social y científicas, relacionadas con este trastorno, la Federación Española de Asociaciones de Ayuda al Déficit de Atención e Hiperactividad ofrece un directorio completo con enlaces nacionales e internacionales.

- http://www.fundacion-aprender.es/
La Fundación Aprender es una institución privada destinada al trabajo con personas afectadas por trastornos de aprendizaje que responden a patrones de inteligencia normal, pero sufren las consecuencias de una metodología de enseñanza que no responde a sus características particulares y repercute negativamente en su éxito académico y per-

sonal. Promueve la creación de centros especiales con métodos de enseñanza-aprendizaje innovadores y adaptados.

- http://www.educacionactiva.com/
  La Fundación Educación Activa ha nacido con el propósito de cubrir las necesidades que se crean en las familias, centros educativos y otros sectores de la sociedad, en relación con la diversidad educativa y los trastornos que inciden negativamente en el desarrollo de niños y adolescentes. Ofrece el apoyo y asesoramiento de un grupo de profesionales comprometidos que han unido sus fuerzas para crear distintos programas y metodologías de intervención.

- http://www.octa.e
  El Observatorio de los Contenidos Televisivos y Audiovisuales (OCTA), nacido bajo los auspicios del defensor del menor de la Comunidad de Madrid, es una plataforma de más de 50 organizaciones que se preocupan por defender los derechos de los niños ante los medios de comunicación y sistemas de información. Analiza todo contenido audiovisual y promueve que sea el más idóneo para ofrecer a los pequeños educación y un sano entretenimiento.

- http://www.racetonowhere.com
  Véase el comentario de la película *Race to nowhere*.

CINE Y VÍDEO

- *Bebés* (2010), de Thomas Balmès, Karma Films, Francia. Thomas Balmès muestra el primer año de vida de cuatro niños nacidos en diferentes culturas, captando los estilos de crianza completamente distintos de unos países a otros: Mongolia, África, Japón y Estados Unidos. No se habla en esta película ni hay juicios de valor sobre las diferentes formas en que crecen sus protagonistas. Los niños de Mongolia y de África están expuestos a entornos sensorialmente muy ricos. A través de la autoexploración y el juego con sus hermanos, con sus padres y sus madres, los sistemas táctiles de estos niños están siendo continuamente estimulados.

- *Race to nowhere* (2009), de Vicki Abeles.
  Carrera a ninguna parte es una película documental sobre los desafíos que debe enfrentar la educación de hoy; trata de valorar hasta qué punto estamos ofreciendo a los jóvenes experiencias educativas saludables, equilibradas y con sentido. Centrada en la realidad americana, pero fácilmente trasladable a la europea, se ha convertido en un auténtico movimiento de estudiantes, padres, profesores, profesionales de la salud, etc... por un cambio positivo en este ámbito. <http://www.racetonowhere.com>.

- *Play again* (2010), de Tonje Hessen Schei, Ground Productions, Estados Unidos.
  La película explora el impacto que está teniendo sobre la infancia su persistente alejamiento del mundo natural. Muestra algunas de las consecuencias de ese alejamiento, en particular la adicción a la tecnología, e invita a preocuparse menos por lo que los niños hacen y aprenden y más por ofrecerles oportunidades de juego libre en la naturaleza, tiempo para explorar y desarrollar su creatividad e imaginación. Para que sigan siendo niños y vuelvan a jugar. <http://playagainfilm.com>.

- *TDAH. Efectos* (2009)
  Un vídeo sobrecogedor sobre el TDAH y los efectos secundarios del metilfenidato, con entrevistas a varios niños afectados en las que cuentan sus dificultades y su relación con la medicación. De autor desconocido. <http://www.youtube.com/watch?v=TyKvAtsHd98>.

- *Enfants, graines de délinquants?* (2008), de Marina Julienne y Christophe Muel, Cinétévé, Francia.
  El proyecto de ley de 2006, sobre prevención de la delincuencia, suscita la indignación de numerosos profesionales de la infancia en el país vecino y termina por ser retirado. Dos años más tarde, frente a un nuevo intento ministerial de implementar programas de evaluación conductual en las escuelas infantiles, Marina Julienne y Christophe Muel reflexionan sobre la validez de los métodos utilizados para identificar y prevenir problemas de comportamiento en niños pequeños y se preguntan por su eficacia, su racionalidad y sus auténticas motivaciones. <http://www.youtube.com/watch?v=f-dMdQYQAMc>.

- *El niño medicado* (2009). Este documental producido en Estados Unidos y emitido por TV2, en *Documentos TV*, aborda, desde una perspectiva crítica, los problemas y limitaciones de un tratamiento psiquiátrico-farmacológico de las dificultades (emocionales, sociales y del aprendizaje) que se producen en el desarrollo infantil. Aunque, en ocasiones, su apreciación puede parecer excesivamente pesimista, el conjunto es interesante y hace reflexionar.

- *Cambiando paradigmas* (2010), de Ken Robinson.
  Nuestro modelo educativo, heredero de la Ilustración y la Revolución Industrial, necesita adaptarse a la nueva eco-

nomía de una sociedad globalizada, donde priman la colaboración, la conexión y la interacción. Valorando exclusivamente las tradicionales capacidades académicas de memoria, racionalización y abstracción, deja fuera a millones de personas con otras formas de inteligencia, muchas de las cuales están siendo catalogadas de hiperactivas. <http://www.youtube.com/watch?v=Z78aaeJR8no.>.